MOVE 알아보자!
식물 무엇이든 랭킹!

식물은 여러 능력과 특징을 지녔습니다.
그중에서도 재미난 것을 소개합니다!

맹독 버섯 랭킹

먹으면 죽을 수도 있는 버섯이 잔뜩!
잘 외워 가까이하지 않도록 합시다.

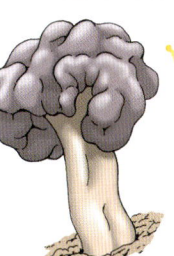

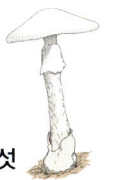

붉은사슴뿔버섯
최강의 맹독 버섯이라 불리며 최근에도 사망 사고가 일어났습니다.

흰알광대버섯
먹으면 콜레라 같은 증상이 나타난다고 알려져 있습니다.

마귀곰보버섯
독에 발암 물질도 포함되어 있습니다.

알광대버섯
먹은 후 며칠 뒤 내장 세포가 파괴되어 죽음에 이를 수 있습니다.

독우산광대버섯
'죽음의 천사'라고 불리며 하나 먹은 것만으로도 적절한 치료를 취하지 않으면 사망할 수 있습니다.

씨앗 크기 랭킹

- **세이셸 야자** 약 30cm
- **모라 올레이페라**(Mora oleifera) 약 18cm
- **코코넛** 약 15cm
- **다라수** 약 11cm
- **상아야자** 약 11cm
- **티 맹그로브**(Tea mangrove) 약 10cm

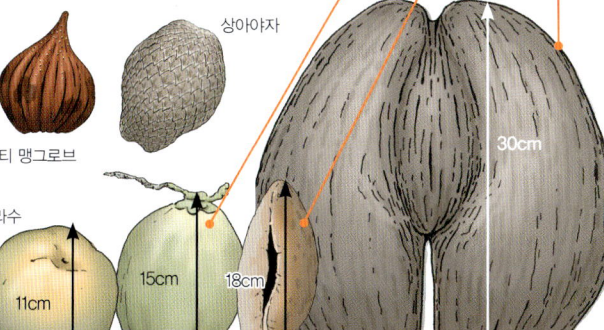

일본의 거목 랭킹

두께도 높이도 아무튼 큰 일본의 거목.
실물을 봐 두는 것도 좋겠죠.

- **가모 거대 녹나무**(가고시마현) 약 30m × 24.22m
- **키노미야 신사 거대 녹나무**(시스오카현) 약 20m × 23.9m
- **기타카네가사와 은행나무**(아오모리현) 약 31m × 22m

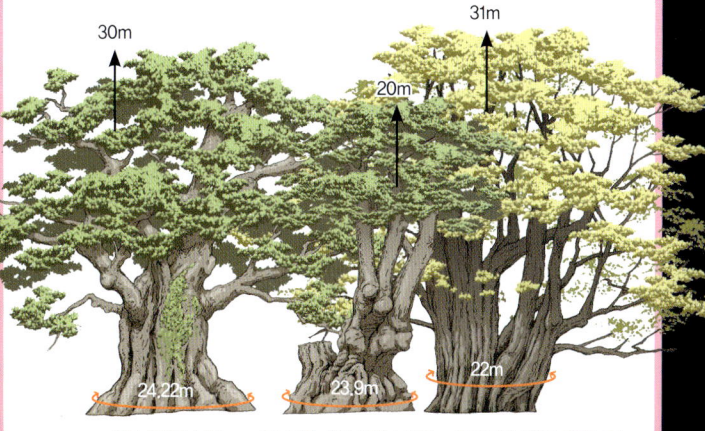

움직이는 도감
M!OVE
식물

고단샤 편저

감수 아마노 마코토
치바현립 중앙 박물관 주임 수석 연구원

감수 사이키 켄이치
치바현립 중앙 박물관 교육 보급 과장

루덴스미디어

차례

움직이는 도감 MOVE **식물**

이 책의 사용법 ······ 4
식물의 분류법 ······ 6
이 책에 나오는 어려운 말 ······ 8
식물의 구조 ······ 10
식물의 대단한 기술 ······ 16
세계의 놀라운 식물 ······ 18
신기한 모습~균류·변형균류 ······ 20
색인 ······ 204

우리 동네 식물 봄 ······ 22
　화초 ······ 24
　화단의 화초 ······ 35
　수목 ······ 38

우리 동네 식물 여름 ······ 48
　화초 ······ 50
　화단의 화초 ······ 62
　수목 ······ 67

우리 동네 식물 가을·겨울 ······ 72
　화초 ······ 74
　화단의 화초 ······ 78
　수목 ······ 80

논밭·들판의 식물 봄 ······ 84
　화초 ······ 86
　수목 ······ 93

논밭·들판의 식물 여름 ······ 94
　화초 ······ 96
　수목 ······ 106

논밭·들판의 식물 가을·겨울 ······ 110
　화초 ······ 112
　수목 ······ 121

잡목림의 식물 봄 124
- 화초 126
- 수목 133

잡목림의 식물 여름 138
- 화초 140
- 수목 146

잡목림의 식물 가을·겨울 152
- 화초 154
- 수목 159

산의 식물 봄 170
- 화초 170
- 수목 173

산의 식물 여름 176
- 화초 176
- 수목 180

산의 식물 가을 184
- 화초 184
- 수목 187

수중·수면의 식물 194

바닷가의 식물 200

식물 박사가 되자!

- 곤충이 꽃가루를 옮긴다 28
- 세계에서 제일 큰 나무 45
- 들풀·나무 열매를 먹어 보자 46
- 나팔꽃의 생애 66
- 벌레혹 ~곤충의 먹이와 집 107
- 채소 ~사람에게 도움이 되는 식물 ① 108
- 곡물 ~사람에게 도움이 되는 식물 ② 122
- 양치류 ~포자로 증식하는 식물 132
- 성장이 빠른 대나무 137
- 이끼류 ~육상 식물의 개척자 144
- 식물의 월동 준비 166
- 과일 ~사람에게 도움이 되는 식물 ③ 168
- 버섯류 ~식물도, 동물도 아니다 188
- 녹조류 ~육상 식물의 친척 197
- 식충 식물 ~곤충을 먹는 식물 198

이 책의 사용법

이 책에서는 일본에서 볼 수 있는 것을 중심으로 약 850종류의 식물을, 자라는 환경과 계절에 따라 나누어서 소개하고 있습니다.

자라는 장소와 계절

자라는 장소에 따라 크게 '동네' '화단' '논밭·들판', '잡목림', '산', '수중·수면', '바닷가'로 나누어 각각의 계절별 식물을 소개합니다. 이 책에서는 주로 꽃이 피는 시기로 계절을 나누었지만, 열매 등 특징이 있는 식물은 열매가 맺히는 시기로 나눈 것도 있습니다.

색으로 구분한 표시

식물이 자라는 장소에 따라 일곱 색으로 구분했습니다.

토막 지식 메모

토막 지식이 쓰여 있습니다.

부위별 이름

사진이나 일러스트의 특징 있는 부분에는 해설이 있습니다.

일러스트 해설

사진으로 알기 어려운 부분은 일러스트를 이용해 해설했습니다.

정보 읽는 법

과명
'APG 분류 체계'를 사용했습니다. (→p.6)

분포 또는 원산지
한국이 원산지인 식물의 경우 한국 원산, 외래종인 경우 원산지(국명)를 썼습니다.

발견되는 장소
그 식물이 주로 자라는 장소가 쓰여 있습니다.

꽃이 피는 시기
주로 간토 지방에서 꽃이 피는 시기를 표시했습니다.

풀과 나무

각각이 자라는 장소와 계절에서 화초와 수목으로 페이지를 더 나누었습니다.

생활 양식
풀의 경우 '한해살이풀' '두해살이풀' '여러해살이풀'로 나누었고, 나무의 경우 '낙엽수' '상록수' '반상록수'로 나누었습니다. (→p.9)
나무의 크기에 따른 분류
1m 이하 : 소저목(小低木), 1~5m : 저목
5~10m : 소고목(小高木), 10m 이상 : 고목

크기
풀의 경우 꽃이 피는 시기의 높이, 나무는 다 자란 후의 높이를 나타냈습니다.

열매가 맺히는 시기
주로 간토 지방에서 열매가 맺히는 시기를 표시했습니다.

풀
지상 부분의 줄기는 원칙적으로 1년 안에 시듭니다. 종자로 겨울을 보내는 것과 땅속줄기나 알뿌리로 겨울을 보내는 것 등 생활 양식(생활 형태→p.9)의 차이가 보입니다.

외래종
한국에서 원래 자라던 식물이 아닌 해외에서 온 식물을 나타냅니다.

독이 있는 식물
독이 있는 식물을 나타냅니다.

먹는 방법
주된 먹는 방법을 실었습니다.

먹을 수 있는 식물
먹을 수 있는 식물을 나타냅니다.

꽃의 색깔 원예 품종인 꽃의 색깔을 표시했습니다.

나무
수년에서 수천 년을 살며, 지상의 줄기가 매년 두껍고 단단해져 커다란 지상 부분을 지탱합니다. 싹은 지상부의 줄기(가지)에 돋습니다.

크기 Check

나무의 형태와 크기를 알 수 있도록 식물과 인간(1.5m)의 실루엣을 나란히 놓았습니다. 낙엽수는 오른쪽 절반은 잎이 떨어진 실루엣으로 표현했습니다.

낙엽수 상록수

실물 크기 실루엣(그림자)

식물의 실제 크기보다 사진이 큰 경우, 실물 크기 실루엣이 함께 포함돼 있습니다.

실제 크기

미니 칼럼

재미있는 식물의 특징이나 알아 두면 도움이 되는 지식 등을 문장이나 사진, 일러스트 등으로 자세히 해설합니다.

확대 사진

꽃이나 열매 등의 확대 사진을 실었습니다.

구분법 해설

알기 쉬운 일러스트를 사용해 많이 닮은 식물의 구분법을 해설합니다.

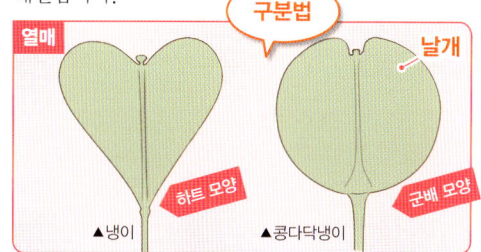

▲냉이   ▲콩다닥냉이

식물의 분포에 관하여

분포는 이와 같습니다.
일본 전국→모든 지역을 포함함.
혼슈~규슈→
혼슈, 시코쿠, 규슈를 포함함.
홋카이도~규슈→
홋카이도, 혼슈, 시코쿠, 규슈를 포함함.
혼슈~남서 제도→
혼슈, 시코쿠, 규슈, 남서 제도를 포함함.

식물의 분류법

이 책의 식물 분류법에 관해 소개합니다.
알고 있는 식물이 어느 식물과 가까운지 알아봅시다.

네 개의 큰 그룹

식물은 수중에서 육상으로 올라온 후 긴 세월에 걸쳐 진화를 거듭해 왔습니다. 식물은 선태식물, 양치식물, 겉씨식물, 속씨식물이라는 네 개의 큰 그룹으로 나눕니다.

이처럼 식물을 그룹별로 나누는 것을 '분류'라고 합니다. 분류는 작은 단위부터 '종', '속', '과', '목', '강', '문'이라는 순으로 나눕니다.

네 그룹의 특징

선태식물과 양치식물은 포자로 번식하며, 겉씨식물과 속씨식물은 종자로 증식합니다. 그 때문에 겉씨식물과 속씨식물을 합쳐 '종자식물'이라고 합니다.

선태식물
포자로 번식한다. 평범히 볼 수 있는 건 배우체. 관다발(→p.13)이 없기 때문에 커지지 않는다.
배우체 (암포기)
아기들솔이끼 (→p.145)

양치식물
포자로 증식한다. 평범히 볼 수 있는 건 포자체. 관다발이 있어 선태식물보다 크게 자란다.
포자체
큰지네고사리 (→p.132)

겉씨식물
종자의 바탕(밑씨)이 드러나 있다.
노출된 밑씨.
소철 (→p.202)

속씨식물
종자의 바탕(밑씨)은 잎이 변형된 씨방(→p.11)으로 둘러싸여 있다.
씨방에 둘러싸인 종자.
가시나무 (→p.163)

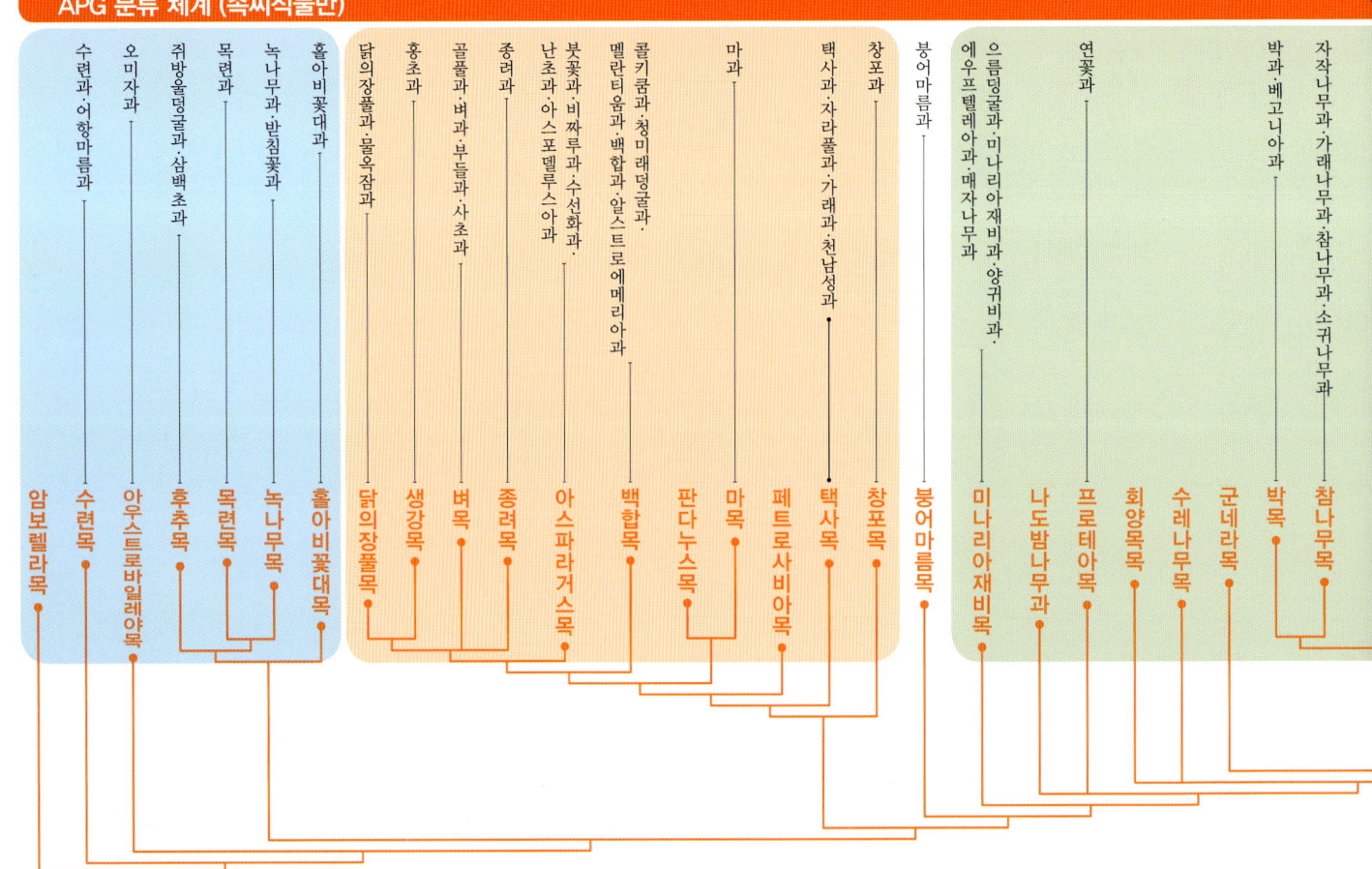

APG 분류 체계 (속씨식물만)

← 겉씨식물로

이 책에 나오는 어려운 말

이 도감에 나오는 어려운 말과 식물의 기본적인 구조에 관해 소개합니다.

꽃

두화

작은 꽃(소화)이 모여 하나의 꽃을 이루는 듯 보입니다. '두상화서(頭狀花序)'라고도 합니다.

민들레 등
'혀꽃'이라고 불리는 작은 꽃이 모여 있습니다.

서양민들레 (→p.24)

뽀리뱅이 (→p.25)

▲서양민들레의 두화 단면.

▲혀 같은 모양을 하고 있다.

개쑥갓 등

'대롱꽃'이라고 불리는 통 모양의 작은 꽃이 모여 있습니다.

개쑥갓 (→p.26)

큰망초 (→p.50)

봄망초 등
대롱꽃과 혀꽃이 모여 있습니다.

봄망초 (→p.26)

혀꽃 / 대롱꽃

잎

홑잎과 겹잎

잎에는 한 장의 잎몸으로 구성된 '홑잎'과 복수의 작은 잎으로 구성된 '겹잎'이 있습니다. 홑잎의 잎이 쭉 갈라지듯 진화해 여러 장의 작은 잎으로 나뉘어 겹잎이 됐습니다. 홑잎은 잎겨드랑이에 새싹이 나지만, 겹잎은 한 장의 잎이 나뉜 것이기 때문에 작은 잎겨드랑이에 싹이 나지 않습니다.

홑잎 → **겹잎**

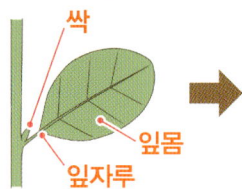
홑잎은 하나의 잎몸으로 난다.

잎몸이 갈라진다.

더욱 갈라져 작은 잎이 된다.

꽃턱잎·총포·불염포

모두 잎이 변화한 것으로 꽃을 감싸는 기관입니다. 하나의 꽃을 감싸는 '꽃턱잎(포)', 두화 등 작은 꽃이 모인 것을 감싸는 '총포', 두꺼운 이삭 모양의 꽃이 모인 것을 감싸는 '불염포'가 있습니다.

꽃턱잎
메꽃(→p.52) 등.

총포
다수의 꽃턱잎이 모인다(민들레 등).

불염포
대형 총포
(흰스컹크캐비지 등→p.172).

줄기

땅속줄기

땅에 있는 줄기를 말합니다. 형태에 따라 뿌리줄기·덩이줄기·알줄기·비늘줄기 등으로 나뉩니다.

뿌리줄기
약모밀 (→p.61)

덩이줄기
감자 (→p.31) 등.

잎이 나는 방식

어긋나기·마주나기·돌려나기

식물의 잎이 나는 방식에는 규칙성이 있습니다.

어긋나기
잎이 좌우로 엇갈려난다.

마주나기
잎이 좌우 같은 곳에 두 장씩 난다.

돌려나기
세 장 이상의 잎이 고리처럼 같은 곳에 난다.

식물의 암수

식물에도 암수가 있습니다. 대다수의 식물은 한 꽃에 암술과 수술이 있는 '양성화'지만, 꽃이 암꽃과 수꽃으로 나뉘거나(단성화), 개체(포기) 자체가 암포기와 수포기로 나뉘는(암수딴그루) 경우도 있습니다.

암수한그루
양성화 혹은 한 포기에 암꽃과 수꽃이 핀다.

양성화
한 꽃에 암술과 수술이 달려 있다 (서양유채→p.30).

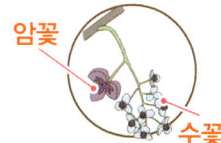
단성화
한 꽃에 암술 혹은 수술만 있다 (으름덩굴→p.165).

암수딴그루
암꽃과 수꽃이 다른 포기에 나는 것을 말한다.

수포기
한 포기에 수꽃만 있다(식나무→p.160).

암포기
한 포기에 암꽃만 있다(식나무→p.160).

식물의 생활 형태

풀의 한 해

한해살이풀
봄에 발아해 일 년 이내로 개화하며, 그해가 끝나기 전까지 종자를 만든 뒤 시듭니다.

봄	여름	가을	겨울
			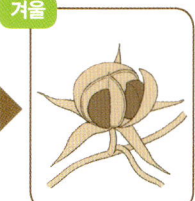
종자가 발아한다.	성장해 꽃이 핀다.	종자가 생긴다.	종자로 겨울을 보낸다.

두해살이풀
가을에 발아해 다음 해에 꽃을 피우고, 종자를 만든 뒤 전부 시듭니다.

가을	겨울	봄	여름

종자가 발아해 성장한다.	별로 성장하지 않고 겨울을 보낸다.	성장해 꽃이 핀다.	종자를 만들고 전부 시든다.

여러해살이풀
지상 부분이 시듭니다. 종자도 만들지만, 뿌리나 땅속줄기가 남기 때문에 다음 해에도 새싹이 돋습니다. 수년에서 수십 년 삽니다.

상록 여러해살이풀 — 사계절 내내 지상 부분이 시들지 않는다.

봄	여름	가을	겨울

지상 부분은 풀만 있는 상태다.	꽃이 핀다.	열매가 만들어진다.	그대로 겨울을 보낸다.

숙근초 — 가을~겨울에 지상 부분이 시들고 땅속줄기나 뿌리만 남는다.

봄	여름	가을	겨울

땅속줄기 등에서 새싹이 돋는다.	꽃이 핀다.	종자가 만들어지고 지상 부분이 시든다.	땅속줄기 등으로 겨울을 보낸다.

알뿌리 식물 — 봄에 꽃을 피우는 알뿌리 식물의 경우, 여름~가을에 지상 부분이 시들고 양분이 저장된 알뿌리가 남는다.

봄	여름	가을	겨울
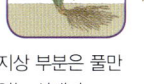	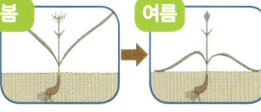		
꽃이 핀다.	종자가 생기고 지상 부분이 시든다.	종자와 알뿌리만 남는다.	알뿌리에서 새싹이 돋는다.

나무의 한 해

낙엽수
추우면 광합성을 하기 어렵기 때문에, 건조한 겨울이 되기 전 잎에서 수분이 증발하는 것을 방지합니다.

여름	겨울

광합성을 왕성히 한다. 잎을 늘리는 경우도 있다.	잎을 전부 떨어뜨리며, 나무는 잎을 추위로부터 보호하는 겨울눈 상태로 보낸다.

상록수
견고하게 만든 잎을 일 년 이상 사용합니다. 겨울이 되어도 잎이 거의 떨어지지 않습니다.

봄~여름	가을~겨울

새잎이 나고 일부가 떨어진다. 광합성을 왕성히 한다.	일부가 떨어지지만 대부분 남는다. 광합성을 약간 한다.

식물의 구조

식물의 구조는 태양을 향해 뻗는 줄기, 형형색색의 꽃, 녹색이 무성한 잎, 지면 깊이 뻗는 뿌리 등 각각의 역할을 가진 기관으로 나뉩니다. 식물종에 따라 그들의 형태는 각양각색이지만, 기능은 모두 같습니다.

꽃
자손을 남긴다(→p.11)
암술과 수술을 지니며 식물이 자손을 남기기 위한 기관. 꽃가루를 옮기는 곤충을 불러들인다.

줄기
몸을 지탱한다(→p.13)
식물을 지탱하고, 뿌리로 빨아들인 수분과 양분을 꽃과 잎으로 운반하는 일을 한다.

잎
당분을 만든다(→p.12)
태양으로부터 빛을 받아 당분을 만들고(광합성) 수분을 증발시킨다.

뿌리
수분과 양분을 빨아들인다 (→p.13)
식물이 자라기 위해 필요한 수분과 양분을 땅속에서 흡수한다.

꽃 자손을 남긴다

꽃은 암술, 수술, 꽃잎, 꽃받침 등으로 이루어집니다. 식물이 자손(종자)을 남기기 위해 잎과 줄기가 진화해서 만들어진 기관입니다.

꽃의 정면

암술
꽃 안에서 종자를 만드는 기관. 암술 끝(암술머리)에 꽃가루(화분)가 붙으면 종자가 생긴다.

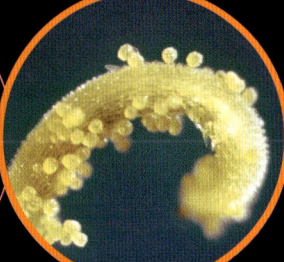

◀다수의 화분이 붙은 민들레의 암술머리.

수술
끝에 화분을 만들고 저장하는 주머니(꽃밥)가 있다.

▲유채의 꽃가루. 크기는 1/1000mm~1/10mm로 다양하다. 바람이나 동물 등에 의해 운반된다.

꽃의 단면

꽃받침
꽃봉오리가 맺힐 때 암술과 수술을 보호한다.

암술대
암술머리와 씨방 사이의 기둥 모양 부분.

씨방
암술 뿌리가 부푼 부분. 화분이 암술머리에 닿으면(수분) 씨방이 열매, 씨방 안의 밑씨가 종자가 된다.

밑씨
종자의 바탕이 된다.

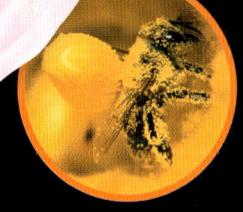

▲꽃가루 범벅이 된 꿀벌.

🌿 수분과 수정

수술의 꽃가루가 암술 끝(암술머리)에 닿는 것을 수분이라 한다. 수분이 이루어지면 꽃가루에서 꽃가루관이 암술 밑에 있는 씨방 안으로 뻗어 나간다. 꽃가루관이 씨방 안의 밑씨에 도달하면 수정이 이루어지고, 밑씨는 종자가 된다.

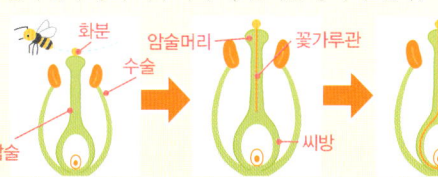

①곤충과 바람 등에 의해 화분이 옮겨지고 수분한다.　②꽃가루관이 뻗는다.　③뻗은 꽃가루관이 밑씨에 도달해 수정한다.

잎  당분을 만든다

빛을 받아 물과 이산화탄소로부터 당분(포도당)을 만드는 광합성을 합니다. 잎이 녹색인 건 세포 안에 '엽록체'라고 불리는 작은 녹색 알갱이가 잔뜩 있기 때문입니다.

기공
마주 본 두 개의 세포가 열리거나 닫히면서 산소나 이산화탄소, 수분이 출입한다.

잎의 단면
잎 안은 '세포'라고 불리는 작은 방으로 구획되어 있고, 엽록체는 세포 안에 있다. 잎의 뒷면에는 산소나 이산화탄소, 수분 등의 출입구인 '기공'이 잔뜩 있다.

잎의 표피

물관
뿌리에서 흡수된 수분과 양분이 이동하는 길이 된다.

체관
잎에서 만든 당분이 이동하는 길이 된다.

세포 간극
동물과 다르게 세포와 세포 사이에 틈이 있다.

세포
크기는 1/1000mm~1/10mm. 세포 안에는 여러 기관이 있고 식물은 특징적으로 엽록체, 세포벽, 액포를 지닌다.

액포
노폐물과 수분을 저장하는 기관.

핵
생물의 구조 설계도가 되는 유전자(DNA)가 들어 있다.

엽록체
광합성을 하는 기관. 하나의 세포에 많이 있다.

세포벽
견고한 벽으로서, 동물에게는 없는 셀룰로스 등으로 구성되어 있다.

광합성의 구조
광합성은 빛과 물, 이산화탄소를 기반으로 당분(포도당)을 만든다. 광합성을 할 때 밖으로 배출된 산소는 식물이나 다른 생물의 호흡에 사용된다.

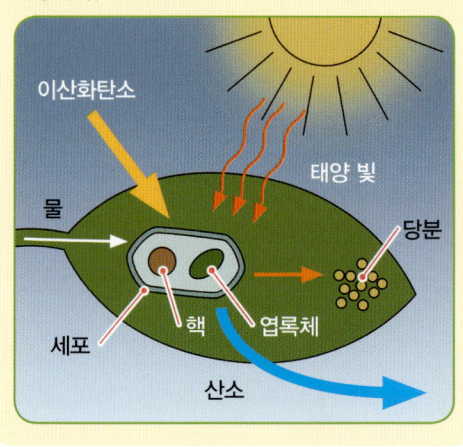

종자 식물의 알

수분이 끝나면 씨방 안에서 씨(종자)가 만들어집니다. 자손을 더욱 많이 남기기 위해서는 보다 넓은 영역에 종자를 운반할 필요가 있습니다. 그대로 흘러나와 떨어지는 것, 동물이 먹어 옮기는 것, 열매가 튀어 날아가는 것, 바람을 타고 날아가는 것 등 각양각색입니다.

양장구채
종자가 만들어지는 모습. 씨방이 부풀고 전체가 시든 뒤 종자가 안에서 흘러 떨어진다.

꽃 → 씨방 → (단면도)

열매
종자

민들레의 열매에는 솜털(관모)이 달려 있어 바람을 타고 운반된다. 종자는 열매 속에 있다.

종자의 구조

종자는 단단한 껍질로 보호받는다. 감나무(→p.81)의 종자는 발아하기 위해 필요한 양분을 저장한 배젖과 발아로 처음에 나오는 잎(떡잎)으로 이루어진다(유배유 종자). 한편, 강낭콩의 종자는 배젖이 아닌 떡잎에 양분이 저장되어 있다(무배유 종자).

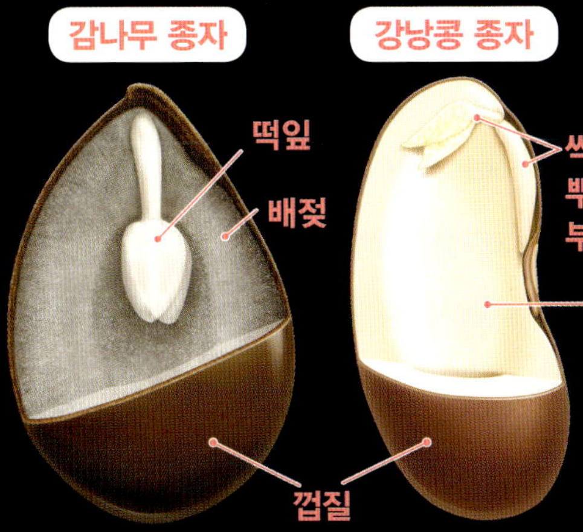

발아하는 모습(감나무)

종자는 우선 뿌리를 땅속으로 뻗고 그 후 떡잎을 낸다. 떡잎이 나온 뒤 본잎이 나와 성장한다.

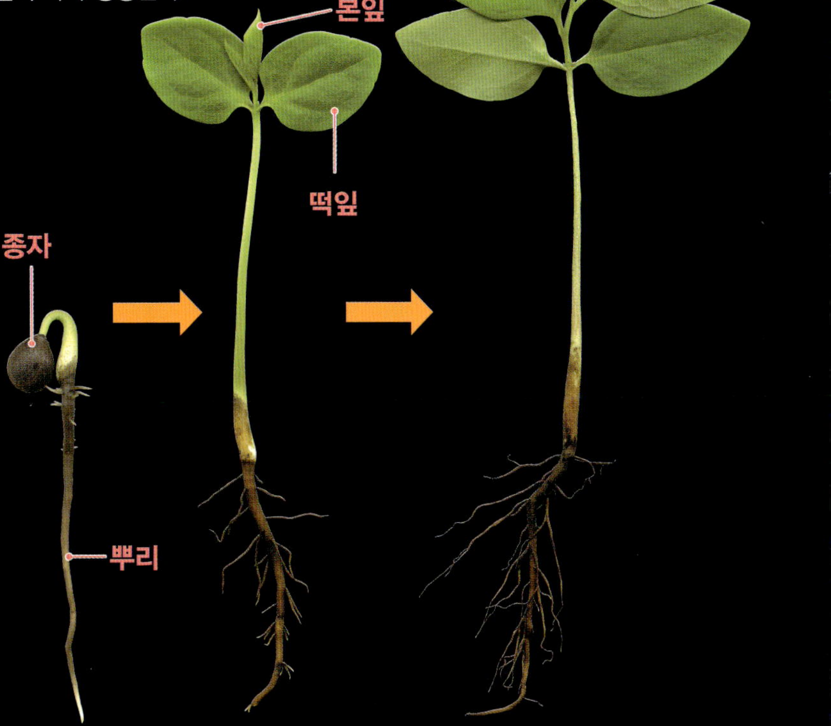

- 본잎
- 떡잎
- 종자
- 뿌리

감나무 종자
- 떡잎
- 배젖
- 껍질

강낭콩 종자
- 싹이나 뿌리가 되는 부분
- 떡잎
- 껍질

열매에는 가시가 있어, 떨어진 곳에 들러붙도록 설계되어 있다.

▶무사히 멀리 운반된 민들레 종자의 발아 모습.

무사 발아!

식물의 대단한 기술

신기한 모습을 지닌 식물들,
그 모습의 배경에는 어떤 생태가
있을까요?

뒤덮는다

대만고무나무
'공기뿌리'라고 불리는 뿌리가
가까운 것에 들러붙어 뒤덮기
때문에 '목 조르기 나무'라는
다른 이름으로도 불린다. 사진은
태국 아유타야 유적을 휘감고
있는 대만고무나무.

먹는다

파리지옥 (→P.198)
식충 식물의 한 종류. 광합성도
하지만 잎에 다가온 곤충을 잎을
닫아 잡아먹어 양분으로 삼는다.

하늘을 난다

알소미트라 마크로칼파(Alsomitra macrocarpa)
종자가 글라이더처럼 바람에 실려 운반된다. 정중앙에 보이는 것이 종자.

휘감는다

담쟁이덩굴(→p.151)
빨판이 있는 덩굴손으로 나무나 바위를 휘감는다.

보석이 된다

호박
나무의 수액이 땅속에 메워져 긴 세월 동안 굳어 석화한 것으로, 보석으로써 액세서리 등에 쓰인다. 곤충 등이 갇혀 있는 경우가 있다.

바위로 둔갑한다

리톱스
암석이 많은 사막 지대에 자란다. 지면의 돌멩이와 쏙 닮아 동물 등에 먹히기 어렵다고 한다.

▲리톱스는 하양 또는 노랑의 예쁜 꽃을 피운다.

세계의 놀라운 식물

세계에는 신기한 형태, 구조를 지닌 식물이 잔뜩 있습니다.

바오바브나무
줄기의 두께가 10m 이상, 높이가 20m 이상인 거목. 두꺼운 줄기 안의 조직에는 수분이 잔뜩 저장되어 있어 장기간 비가 내리지 않아도 시들지 않는다.

오르키스 이탈리카(Orchis italica)
지중해에 자생하는 난초의 한 종류. 독특한 꽃잎 모양은 사람이 모자를 쓴 모습과 닮았다.

사람의 형태를 쏙 닮았다?

입만큼은 괴물

히드노라 아프리카나(Hydnora africana)
아프리카 남부 건조 지대에 자생한다. 등대풀과에 기생하기 때문에 엽록체가 없다. 보통 땅속에 자생하며, 꽃을 피울 때만 지상으로 나온다. 썩은 냄새로 파리 등을 유혹해 꽃가루를 옮긴다.

라플레시아의 꽃봉오리. 땅속에서 꽃봉오리만 드러난다.

자이언트라플레시아
동남아시아에 자생한다. 포도과 식물 뿌리에 기생하기 때문에 엽록체가 없다. 꽃의 크기는 지름 1m에 달하며, 썩은 냄새로 파리 등을 불러 꽃가루를 옮긴다.

꽃이 피는 시기는 고작 사흘간. 핀 후에는 새까맣게 탄 것처럼 시든다.

레움 노빌레(Rheum nobile)
3,500m에 달하는 히말라야 고산에 자생한다. 춥고 자외선이 강한 장소이기 때문에 반투명의 특별한 잎으로 보온하고 자외선을 차단하는 온실을 만들어, 그 안에서 꽃봉오리와 꽃을 피운다.

잎을 헤집으면 꽃이 달린 줄기가 드러난다.

오리난초
호주의 난초류. 언뜻 보면 오리처럼 보이지만 실은 암컷 벌을 닮았다(의태:몸짓이나 모양을 흉내 냄). 이것으로 수컷 벌을 유인해 꽃가루를 옮긴다.

오리와 똑 닮았다?

신기한 모습
~균류·변형균류

식물이 많이 자라는 숲속에서 발견할 수 있습니다(→p.188). 형태가 기묘하고 색도 화려합니다. 신기한 모습을 지녔습니다. 변형균류는 점균류라고도 불립니다.

벌레에서 버섯이!?

개미버섯
동충하초에 속하는 개미버섯. 이 균의 포자가 벌레와 접하면 벌레의 몸 안에 들어가 증식한다. 이윽고 몸에서 버섯이 돋아 벌레는 죽고 만다.(→p.191)

화려한 변형균류

변형균류는 식물은 아니지만 식물이 잔뜩 자라는 토양에 사는 친숙한 생물이다. 적색과 노란색, 청색 등 다양한 색과 형태의 종이 있다.

숲에 자라는 산호?

아교뿔버섯
산호와 비슷한 녀석의 정체는 바로 버섯. 마른 침엽수 가지에 자란다.

신기한 연기

뭉게~

말불버섯
식용으로도 쓰이는 버섯. 종자와 같은 역할을 하는 포자가 성숙하면, 머리끝의 구멍이 열려 밖으로 나온다.

빛나는 버섯

받침애주름버섯
아마도 반딧불이와 같은 방식으로 발광한다고 여겨지지만, 자세한 건 밝혀지지 않았다. 발광에는 칼슘이 필요한 듯하다.

우리 동네 식물 봄

다양한 식물이 잎을 펼치며 꽃을 피웁니다. 곤충이 꽃의 꿀을 빨 때 화분이 함께 운반되어 수분이 이루어집니다.

- 방울새풀(→p.34)
- 로도덴드론 풀크룸(→p.38)
- 개미자리(→p.32)
- 유럽점나도나물(→p.32)
- 큰줄흰나비
- 황새냉이(→p.29)
- 큰넓적송장벌레

뽀리뱅이 〔식〕

작은 민들레 같은 꽃을 많이 피우며, 줄기를 자르면 하얀 유액이 나옵니다. ■국화과
■한해살이~여러해살이풀 ■20~60cm ❀4~9월
■한국 원산 ■길가, 풀밭 ■새싹(나물)

방가지똥 〔식〕

줄기를 자르면 하얀 유액이 나와 양귀비에 비유됩니다. ■국화과 ■한해살이~
두해살이풀 ■30~100cm ❀1~12월
■유럽 원산 ■길가, 풀밭
■잎·꽃(볶음)

두화

끝이 뾰족하다.

큰방가지똥보다 잎이 부드럽다.

자르면 하얀 유액이 나온다.

만져도 아프지 않다.

큰방가지똥 〔외〕

방가지똥과 닮았지만 잎의 가시가 눈에 띄며, 만지면 따끔따끔합니다. ■국화과
■한해살이~두해살이풀
■30~80cm ❀1~11월
■유럽 원산 ■길가, 황무지

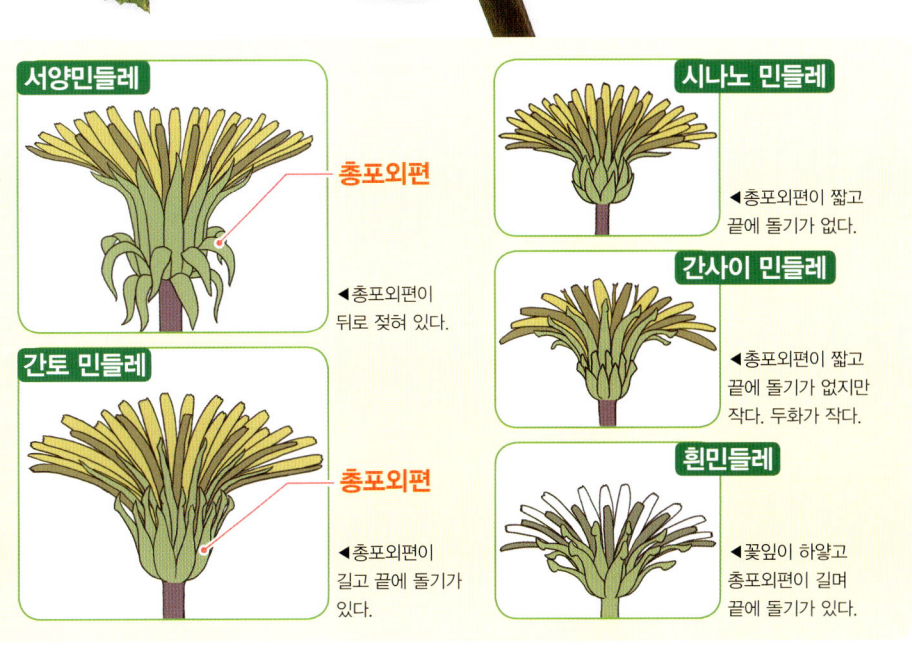

🌿 민들레를 구분하는 법

일본에서 볼 수 있는 민들레에는 두 종류가 있습니다. 예로부터 일본에 자생하는 민들레와 외국에서 유입된 민들레(서양민들레)입니다. 이처럼 외국에서 들어온 식물을 '외래 식물'이라 합니다. 일본 본래의 민들레는 서양민들레와 달리 봄에만 짧게 꽃을 피웁니다. 다른 계절에 꽃을 볼 수 있는 민들레의 대다수는 서양민들레 혹은 그 잡종입니다.
일본 민들레와 서양민들레를 구분할 때, 총포외편이 붙은 방식으로 구분할 수 있습니다.

서양민들레 — 총포외편 / ◀총포외편이 뒤로 젖혀 있다.

간토 민들레 — 총포외편 / ◀총포외편이 길고 끝에 돌기가 있다.

시나노 민들레 — ◀총포외편이 짧고 끝에 돌기가 없다.

간사이 민들레 — ◀총포외편이 짧고 끝에 돌기가 없지만 작다. 두화가 작다.

흰민들레 — ◀꽃잎이 하얗고 총포외편이 길며 끝에 돌기가 있다.

큰개불알풀 외

일일화(一日花 : 하루에 피고 지는 꽃)로서 저녁에 꽃잎 뭉치를 떨어뜨립니다.
- 질경이과 ■ 두해살이풀
- 5~40cm ❁ 2~4월 ■ 유럽 원산
- 길가, 풀밭, 밭

꽃자루(줄기에서 가지가 나뉘는 자루)가 길다.

실제 크기

선개불알풀 외

줄기는 곧고 큰개불알풀을 닮은 매우 작은 꽃을 피웁니다. ■ 질경이과
- 두해살이풀 ■ 10~40cm
- ❁ 4~6월 ■ 유럽 원산
- 길가, 황무지

🌿 열리고 닫히는 암술의 끄트머리

주름잎의 암술머리(암술의 끄트머리)는 보통 열려 있습니다. 꽃가루가 묻은 곤충이 암술 끄트머리에 닿으면 턱 하고 닫힙니다. 이로써 곤충이 운반한 꽃가루를 확실히 받아들일 수 있습니다.

주름잎

꽃이 피는 기간이 깁니다. ■ 파리풀과
- 한해살이풀 ■ 5~20cm ❁ 4~10월
- 한국, 일본, 중국 ■ 길가, 밭

▲ 열려 있는 암술 끄트머리에 자극이 가해지면 닫힌다.

들러붙은 열매는 멀리 운반되어 발아한다.

사상자

여름에 맺히는 열매에는 다수의 갈고리 모양의 가시가 있어, 옷에 들러붙습니다.
- 미나리과 ■ 두해살이풀 ■ 30~70cm
- ❁ 5~7월 ■ 한국, 일본, 중국
- 길가, 풀밭

개사상자

사상자보다 꽃 피는 시기가 빠르고, 잎은 잘게 갈라집니다. ■ 미나리과 ■ 두해살이풀 ■ 30~70cm
- ❁ 4~5월 ■ 한국, 일본, 중국 ■ 길가, 풀밭

식물 박사가 되자!

곤충이 꽃가루를 옮긴다

식물 중에는 자신의 꽃가루를 다른 개체의 암술로 운반해 자손을 남기는 종도 있습니다. 식물은 움직일 수 없기 때문에 곤충을 이용함으로써 꽃가루를 멀리 운반합니다.

꽃에 모이는 곤충들

꽃이 만드는 꿀과 꽃가루는 곤충의 먹이가 됩니다. 그 때문에 나비와 벌, 꽃등에 등 다양한 곤충이 꿀을 빨거나 꽃가루를 모으기 위해 꽃 사이를 날아다닙니다. 이때 곤충의 몸에 들러붙은 꽃가루가 다른 꽃의 암술에 도달해 식물이 수정할 수 있게 되는 것입니다.

갑충(甲蟲)
꽃무지 등의 갑충은 주로 평평한 꽃 위에 몸 전체를 올린 채 천천히 시간을 들여 꽃가루와 꿀을 먹는다. 먹는 동안 몸에 꽃가루가 들러붙는다.
(사진: 풀색꽃무지와 봄망초)

나비·나방
나비와 나방은 빨대 같은 입을 늘여 능수능란하게 꽃의 꿀을 빤다. 이때 나비와 나방이 꽃가루를 옮길 수 있도록 수술이나 암술을 길게 늘여 그 끝을 나비의 몸에 닿게 하는 식물도 많다.
(사진 : 산제비나비와 중나리)

파리·꽃등에
파리와 꽃등에는 꽃에서 꽃으로 날아다니면서 꿀과 꽃가루를 핥아 먹는다.
(사진 : 호리꽃등에와 봄망초)

벌
꿀벌과 어리호박벌 등 꽃에 모이는 벌종은 대롱 모양의 꽃 안에도 잘 파고들어 꽃가루와 꿀을 모아 집으로 가지고 돌아간다. (사진 : 어리호박벌과 수세미오이의 수꽃)

자운영의 궁리

자운영(→p.90) 꽃은 주로 꿀벌이 찾습니다. 자운영의 꿀은 꽃의 안쪽에 있어 꿀을 빨기 위해서는 꽃에 파고들어야 합니다. 자운영의 수술과 암술은 꿀벌이 아래쪽 꽃잎에 올라와 파고들면 정확히 꿀벌의 배 쪽에 닿도록 되어 있습니다. 이때 꽃가루가 들러붙기도 하고, 다른 꽃에서 운반된 꽃가루에 의해 수분되기도 합니다.

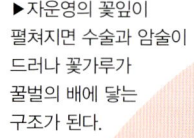
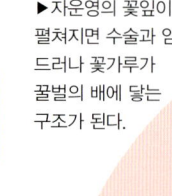

▶자운영의 꽃잎이 펼쳐지면 수술과 암술이 드러나 꽃가루가 꿀벌의 배에 닿는 구조가 된다.

우리 동네 식물 봄

서양유채 〔외〕〔식〕
유채씨유는 종자로부터 얻습니다.
- 십자화과
- 한해살이~두해살이풀
- 50~120cm
- 3~4월
- 유럽 원산
- 길가, 둑
- 잎·꽃봉오리(무침, 나물)

냉이 〔식〕
봄의 일곱 화초 중 하나로서, 열매가 하트 모양을 하고 있습니다.
- 십자화과
- 두해살이풀
- 10~50cm
- 3~6월
- 한국 원산
- 길가, 밭
- 어린 묘목(나물죽, 나물, 튀김)

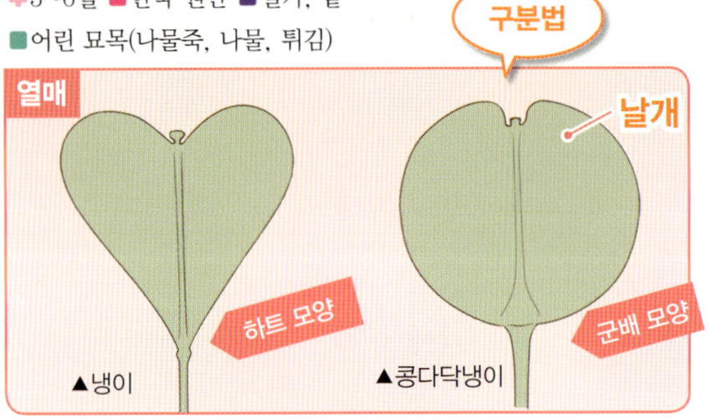

구분법

열매 / 하트 모양 ▲냉이 / 날개 / 군배 모양 ▲콩다닥냉이

콩다닥냉이 〔외〕
잎은 가늘고 길며 끝이 뾰족하다.
열매 가장자리에 날개가 있고, 작은 군배(부채) 같은 모양을 하고 있습니다.
- 십자화과
- 한해살이~두해살이풀
- 20~50cm
- 5~6월
- 북아메리카 원산
- 길가, 황무지

토끼풀 〔외〕
양지 바른 곳에 많으며 '클로버'라고도 불립니다.
- 콩과
- 포복성(줄기가 땅으로 기어가며 생장하는 성질) 여러해살이풀
- 10~30cm
- 4~8월
- 유럽 원산
- 풀밭, 황무지, 둑

◀붉은 꽃을 피우는 붉은토끼풀. 꽃 바로 밑에 잎이 난다.

꽃차례(화서): 꽃의 모임.
꽃자루: 꽃만 피우는 줄기.
잎: 세 장의 작은 잎과 잎자루가 된다.
잎자루: 잎과 줄기를 잇는 자루.
줄기
작은 잎

🌿 기네스에 기록된 클로버(토끼풀)

네잎클로버를 발견하면 행복해진다고 합니다. 하지만 토끼풀 중에는 5장, 8장, 그리고 작은 잎을 많이 지닌 것도 있습니다. 보통 세 개의 작은 잎이 하나의 잎이 되는 클로버가 작은 잎을 많이 지닌다는 건 환경이나 유전 때문으로 여겨집니다. 현재, 56장의 잎이 달린 토끼풀이 발견되어 기네스 기록으로 인정됐습니다.

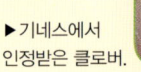

▶기네스에서 인정받은 클로버.

■과명　■생활 양식　■크기　🌸꽃이 피는 시기　🍎열매가 맺히는 시기　■분포 또는 원산지　■발견되는 장소　■먹는 방법　외외래종　식먹을 수 있는 식물　독독이 있는 식물

주아

▲잎이 달린 부분에 '주아'를 남겨, 이깃이 지상에 떨어지면 새싹이 난다.

말똥비름
겨울에도 시들지 않아 '만년초'라고도 합니다. ■돌나물과 ■여러해살이풀 ■6~20cm ✿5~6월 ■한국, 일본 ■길가, 논밭

잎은 주걱 모양.

🌿 분신술을 쓰는 식물

식물은 꽃가루가 암술과 닿아, 그 안의 난자와 수정해 종자를 만듭니다(유성 생식).
식물은 보통 종자로 자손을 남기지만, 종자를 만들지 않고 자손을 남기는 개체도 있습니다. 그때 부모의 몸 일부가 새 식물이 되기 때문에, 자손은 부모와 똑같은 유전자를 지닌 분신(클론)입니다. 이와 같은 생식법을 '영양 생식'이라고 합니다.

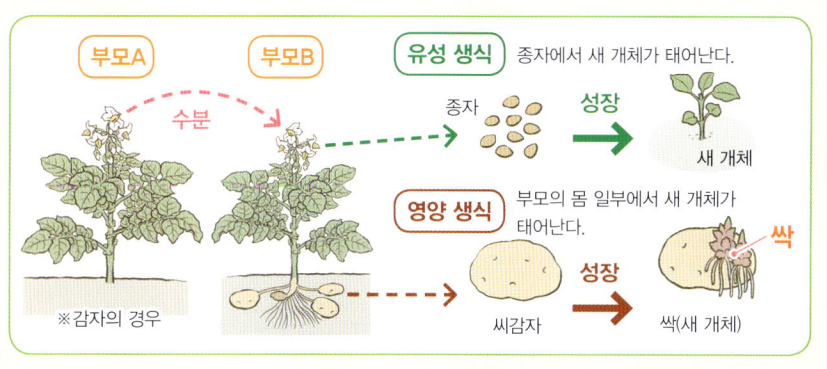

식물의 분신술
잎 또는 줄기의 일부로 자신의 분신을 만듭니다.

천손초

▲부모의 잎 주변에 잔뜩 난 싹이 떨어지면 새 개체가 된다.

새싹

감자

새싹

◀씨감자(땅속에 있는 줄기가 커진 것(덩이줄기))에서 싹이 나와 새 개체가 된다.

31

◀ 줄기에서 나오는 노란색 액체는 공기에 닿으면 오랜지색으로 바뀐다.

애기수영 외
잎에 신맛이 있고 가축이 별로 먹지 않아 해로운 풀로 여겨지기도 합니다. ■마디풀과 ■여러해살이풀 ■20~50cm
❀5~8월 ■유럽 원산 ■길가, 황무지

애기똥풀 독
줄기를 잘라 떼면 노란색 액체가 흘러나오며, 만지면 염증이 생깁니다. ■양귀비과 ■두해살이풀
■30~80cm ❀4~7월 ■한국, 일본, 중국
■풀밭, 숲 가장자리

작은 이삭

작은 이삭 — '낱꽃'이라고 불리는 꽃의 모임.

낱꽃

새포아풀
모내기의 준비로서 논을 갈아 덮기 전의 논밭에 많은 작은 풀로서, 이삭은 종종 보라색을 띱니다.
■벼과 ■한해살이~여러해살이풀
■5~30cm ❀2~11월 ■세계 각지
■길가, 논밭, 습지

작은 이삭

레스큐그래스 외
잎은 겨울에도 싱싱하며 딱딱하고 납작한 녹색 이삭이 맺힙니다. ■벼과
■한해살이~두해살이풀
■40~120cm ❀3~8월
■남아메리카 원산 ■길가, 밭

🌿 새포아풀은 풀베기에 강하다

식물은 보통 빛을 받기 위해 위로 자라기 때문에 새잎과 줄기가 늘어나는 부분인 '성장점'은 식물의 몸 윗부분에 있습니다. 한편, 벼과 식물 중 새포아풀(→p.33) 등 평소에 줄기가 별로 늘어나지 않는 식물은 성장점이 지면과 가까운 부분에 있습니다. 그 때문에 지상 부분을 짧게 잘라도 성장점만 남아 있다면 다시 새잎과 줄기가 나오게 됩니다. 이와 같은 식물은 잔디(→p.102)가 자라는 잔디밭처럼 자주 풀베기를 해도 살아남을 수 있습니다.

성장점

◀새포아풀이 자라는 모습. 지면과 가까운 곳에 성장점이 있다.

막시마 방울새풀 외
마치 타원형의 금화가 수없이 매달린 듯한 이삭이 맺힙니다. ■벼과
■한해살이풀 ■30~70cm
❋5~7월 ■유럽 원산
■길가, 황무지

타원형의 금화 같은 작은 이삭(낱꽃의 모임)이 맺힌다.

삼각형 모양의 작은 이삭.

방울새풀 외
매우 작은 녹색의 타원형 금화 같은 이삭이 잔뜩 맺힙니다. ■벼과
■한해살이풀 ■10~60cm
❋5~7월 ■유럽 원산
■길가, 황무지

막시마 방울새풀과 같은 장소에 자란다.

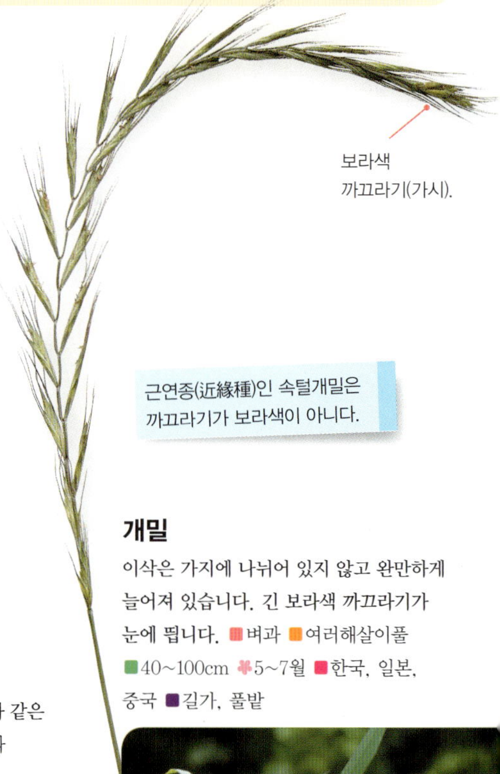

보라색 까끄라기(가시).

근연종(近緣種)인 속털개밀은 까끄라기가 보라색이 아니다.

개밀
이삭은 가지에 나뉘어 있지 않고 완만하게 늘어져 있습니다. 긴 보라색 까끄라기가 눈에 띕니다. ■벼과 ■여러해살이풀
■40~100cm ❋5~7월 ■한국, 일본, 중국 ■길가, 풀밭

화단의 화초 봄

봄의 화단을 봅시다. 가을에 뿌린 종자와 심은 알뿌리에서 형형색색의 꽃이 핍니다. 봄의 화단에서는 유럽과 아시아 식물을 많이 볼 수 있습니다.

데이지
국화 같은 꽃이 핍니다. ■국화과
■10~20cm
✹분홍, 빨강, 하양 등
■유럽

아게라툼
꽃 피는 기간이 길고, 꽃 색이 바래지 않습니다. ■국화과 ■15~30cm
✹보라, 분홍 등 ■멕시코, 중앙아메리카

금잔화
예로부터 일본에서 재배되었습니다.
■국화과 ■15~60cm ✹주황, 노랑 등
■남유럽

수레국화
꽃이 여름 내내 핍니다. ■국화과
■30~100cm ✹파랑, 분홍 등
■유럽 동남부~서아시아

목마가렛
자라면 뿌리 쪽이 나무가 됩니다.
■국화과 ■20~100cm
✹하양, 분홍 등 ■카나리아 제도

거베라
수술이 꽃잎이 된 겹꽃 품종도 있습니다.
■국화과 ■20~45cm
✹빨강, 노랑 등 ■남아프리카

아스터 사바티에리(Aster savatieri)
쑥부쟁이(→p.114)의 일종이 개량되었습니다. ■국화과 ■20~50cm
✹하양, 보라 등 ■일본

금어초
꽃 모양이 금붕어가 헤엄치는 모습을 닮았습니다. ■질경이과 ■15~150cm
✹분홍, 빨강, 노랑 등 ■지중해 연안

허브종

우리 생활에 도움 되는 식물로서, 요리나 약, 목욕할 때 넣는 등 여러 방면에서 쓰입니다.

세이지
고기에 풍미를 더하거나 허브티 등에 쓰입니다.
■꿀풀과 ■40~90cm
✹보라, 파랑 등 ■유럽

민트
청량한 향이 나며 껌과 치약, 차 등에 쓰입니다. ■꿀풀과 ■30~90cm
✹하양, 보라 등 ■유럽

로즈메리
고기나 생선 요리에 쓰입니다. 건조해도 향이 남습니다. ■꿀풀과 ■50~120cm
✹하양, 보라 등 ■지중해 연안

■과명 ■크기 ✹꽃의 색깔 ■원산지

화단의 화초 봄

애기금어초
금어초와 닮은 작은 꽃을 피웁니다.
- 질경이과 ■ 20~45cm ✿ 보라, 노랑 등 ■ 유럽

물망초
5mm 정도의 작은 꽃이 핍니다.
- 지치과 ■ 10~50cm ✿ 파랑, 분홍 등 ■ 아시아, 유럽

팬지
꽃의 크기는 3~10cm 정도로 다양합니다.
- 제비꽃과 ■ 10~30cm ✿ 노랑, 빨강, 보라 등 ■ 유럽

프리뮬러 폴리안사
겹꽃이 피는 품종도 있습니다.
- 앵초과 ■ 12~20cm ✿ 빨강, 분홍, 노랑 등 ■ 유럽

프리뮬라 말라코이데스
가지가 많이 나뉘었고 꽃이 층층이 핍니다.
- 앵초과 ■ 20~50cm ✿ 분홍, 하양, 보라 등 ■ 중국

꽃잔디
줄기가 옆으로 퍼지고 꽃이 지면을 덮습니다.
- 꽃고비과 ■ 5~20cm ✿ 분홍, 빨강, 하양 등 ■ 북아메리카

아네모네
홑꽃과 겹꽃이 있습니다.
- 미나리아재비과 ■ 15~40cm ✿ 빨강, 분홍, 보라 등 ■ 지중해 연안

비단향나무꽃
좋은 향이 납니다.
- 십자화과 ■ 40~120cm ✿ 하양, 빨강, 분홍 등 ■ 남유럽

꽃양배추
관상용 배추종입니다.
- 십자화과 ■ 15~60cm ✿ 노랑 등 ■ 유럽 서부

스위트피
나비 같은 모양의 좋은 향이 나는 꽃을 피웁니다.
- 콩과 ✿ 분홍, 하양 등 ■ 이탈리아

비올라
팬지와 닮은 작은 꽃을 피웁니다.
- 제비꽃과 ■ 5~30cm ✿ 노랑, 빨강, 보라 등 ■ 유럽

작약
일본에 약초로 전해졌습니다.
- 작약과 ■ 50~90cm ✿ 분홍, 빨강, 하양 등 ■ 중국, 몽골

카네이션
꽃꽂이나 화분에 심습니다.
- 석죽과 ■ 20~100cm ✿ 빨강, 분홍, 노랑 등 ■ 남유럽

■ 과명 ■ 크기 ✿ 꽃의 색깔 ■ 원산지

안개꽃 (숙근안개꽃)
작은 꽃이 잔뜩 핍니다. ■석죽과
■20~60cm ✹하양, 분홍 등 ■유럽, 아시아

스타티스
보라색 부분은 나팔 모양의 꽃받침입니다.
■갯질경이과 ■40~90cm ✹하양, 노랑 등 ■지중해 연안

프리지아
튤립과 마찬가지로 알뿌리 식물입니다.
■붓꽃과 ■30~45cm ✹노랑, 분홍, 하양 등 ■남아프리카

개양귀비
겹꽃과 홑꽃이 있습니다.
■양귀비과 ■40~60cm ✹빨강, 분홍, 하양 등 ■유럽 중부

아이슬란드파피
가늘고 긴 줄기 끝에 꽃이 하나 핍니다.
■양귀비과 ■30~60cm ✹주황, 노랑, 하양 등 ■북극권

크리스마스로즈
꽃이 아래를 향해 핍니다.
■미나리아재비과 ■10~50cm ✹하양, 분홍, 보라 등 ■유럽, 아시아 서부

제라늄
잎이 윤기 있고 두껍습니다.
■쥐손이풀과 ■20~100cm ✹빨강, 하양, 분홍 등 ■남아프리카

무스카리
작은 항아리 모양의 꽃이 모여 핍니다.
■비짜루과 ■10~30cm ✹파랑, 보라, 하양 등 ■지중해 연안

자화부추
잎에서 부추와 비슷한 향이 납니다.
■수선화과 ■10~20cm ✹하양, 옅은 보라 등 ■남아메리카

수선화
추위에 강한 식물입니다. ■수선화과
■20~50cm ✹하양, 노랑 ■지중해 연안

붓꽃
보라색 꽃잎에 그물코 모양이 있습니다.
■붓꽃과 ■30~60cm ✹보라, 하양 등 ■동북아시아

크로커스
꽃이 해가 있는 동안 핍니다.
■붓꽃과 ■5~20cm ✹보라, 노랑 등 ■유럽 남서부~서아시아

히아신스
꽃에 강한 향이 있습니다. ■비짜루과
■15~25cm ✹하양, 분홍, 노랑, 보라, 파랑 등 ■지중해 연안

튤립
겹꽃 품종도 있습니다. ■백합과
■10~70cm ✹빨강, 노랑, 하양 등 ■지중해 연안~중앙아시아

우리 동네 수목 봄

왜철쭉
주로 분재나 정원수로 재배되며, 다른 철쭉종에 비해 꽃이 피는 시기가 늦습니다. ■ 진달래과 ■ 상록저목 ■ 30~150cm ✽ 5~7월 🍎 9~12월 ■ 일본 ■ 공원, 가로수, 정원, 늪지

로도덴드론 풀크룸 (Rhododendron pulchrum)
교잡종에서 선발된 종이며, 야생종은 없습니다. ■ 진달래과 ■ 반상록저목 ■ 1~3m ✽ 4~5월 🍎 열매를 맺는 것은 극히 드묾 ■ 공원, 가로수

라일락 외
보라색이나 하얀색 등의 꽃을 피우며, 향은 주로 향수의 원료로 쓰입니다. ■ 물푸레나무과 ■ 낙엽소고목 ■ 1~8m ✽ 5~6월 ■ 유럽 원산 ■ 공원, 가로수

꽃산딸나무 외
하얀색이나 적자색의 커다란 총포편(꽃을 감싸는 잎이 변화한 것) 네 장이 마치 꽃잎처럼 보입니다. ■ 층층나무과 ■ 낙엽고목 ■ 5~10m ✽ 4~5월 🍎 9~10월 ■ 북아메리카 원산 ■ 공원, 가로수, 정원

서향 외 독
이른 봄에 개화해, 꽃이 피면 주변이 달콤한 향에 휩싸입니다. 열매에는 독이 있습니다. ■ 팥꽃나무과 ■ 상록저목 ■ 50~100cm ✽ 2~4월 🍎 열매를 맺는 것은 극히 드묾 ■ 중국 원산 ■ 공원, 정원

🌿 작게 기르는 식물

일본에는 예로부터 크게 자라는 식물을 화분으로 옮겨 심어 작게 기르는 '분재'라는 기술이 있습니다. 왜철쭉과 소나무, 단풍나무종처럼 보통 자라면 수 미터에서 수십 미터에 달하는 나무도 화분으로 옮겨 심으면 수십 센티미터의 작은 크기로 만들 수 있습니다. 왜 그럴까요?

놔두면 크게 자라는 식물의 가지를 잘라, 작은 가지를 늘리기 때문입니다. 분재하기 위해서는 고도의 기술이 필요합니다. 그중에는 작은 상태로 100년 이상 화분에서 길러진 분재도 있습니다. 지금은 분재가 전 세계에 알려져 있습니다.

◀ 왜철쭉 분재. 화분에서는 크게 자라지 않지만, 땅에 직접 심으면 뿌리가 크게 뻗어 지상부가 크게 자란다.

■ 과명 ■ 생활 양식 ■ 크기 ✽ 꽃이 피는 시기 🍎 열매가 맺히는 시기 ■ 분포 또는 원산지 ■ 발견되는 장소 ■ 먹는 방법 외 외래종 식 먹을 수 있는 식물 독 독이 있는 식물

삼지닥나무
가지가 세 개씩 나뉘는 것이 특징이며, 나무껍질이 일본 종이의 재료가 됩니다.
팥꽃나무과 ■낙엽저목 ■1~2m ■3~4월 ■6~7월 ■중국 원산 ■공원, 정원

느티나무
빗자루 같은 모양의 나무가 아름다우며, 주로 가로수로 쓰입니다. ■느릅나무과
■낙엽고목 ■5~25m ■4~5월 ■10월 ■한국 원산 ■공원, 가로수, 산지, 강가

▲ 가로수로 심어진 느티나무

가는잎조팝나무
봄에 작고 하얀 꽃을 가지에 가득 피웁니다. ■장미과
■낙엽저목 ■1~2m ■4월 ■5~6월 ■한국, 일본, 중국
■공원, 정원, 강가, 늪지

열매는 먹을 수 있다.

줄기가 덩굴 모양으로 뻗는다.

멍석딸기
산딸기와 가까운 종으로서, 6월 즈음 여무는 빨간 열매를 먹을 수 있습니다.
■장미과 ■낙엽소저목 ■30~50cm
■5~6월 ■6~7월 ■한국 원산 ■길가, 강가, 숲 가장자리 ■열매(생식, 잼)

산당화 외 식

예로부터 정원수와 분재로 재배되었으며, 하얀색과 붉은색 꽃이 있습니다. ■장미과 ■낙엽저목
■1~2m ❋3~4월 🍎7~8월 ■중국 원산 ■정원, 공원 ■열매(설탕 조림, 과실주)

▲한 그루에 여러 색의 꽃이 피는 산당화.

소메이요시노벚나무

올벚나무와 오시마벚나무를 교배한 원예 품종입니다.
■장미과 ■낙엽고목 ■5~15m
❋3~4월 🍎5~6월(열매를 맺는 것은 드묾) ■한국, 일본
■공원, 가로수

▲꽃봉오리의 단면. 겨울을 넘기면 온기에 반응해 꽃봉오리가 커진다.

🌿 시작은 한 그루의 벚나무로부터

일본에는 셀 수 없을 정도로 많은 소메이요시노벚나무(벚나무종)가 심어져 있습니다. 꽃구경을 갈 때의 벚나무는 대부분 소메이요시노벚나무입니다. 사실은, 이들 벚나무는 하나의 나무로부터 '접목'이라는 방식으로 늘어난 클론(→p.31)입니다. 접목이란 밑나무에 나뭇가지를 이어서 한 그루의 나무가 되게 하는 기술입니다. 소메이요시노벚나무의 역사는 길지 않습니다.

애당초 유전자가 같은 클론이기 때문에 조건이 맞으면 일제히 개화하고 멋진 벚꽃 길을 만듭니다. 안타깝게도 소메이요시노벚나무의 수명은 길지 않아, 약해진 나무는 다시 바꿔 심어야 합니다.

▲일본 전국에 심어진 소메이요시노벚나무는 전부 클론이다.

■과명 ■생활 양식 ■크기 ❋꽃이 피는 시기 🍎열매가 맺히는 시기 ■분포 또는 원산지 ■발견되는 장소 ■먹는 방법 외외래종 식먹을 수 있는 식물 독독이 있는 식물

처진올벚나무
올벚나무의 원예 품종으로서, 가지가 축 처지듯 자랍니다. ■장미과 ■낙엽고목 ■3~20m ❀3~4월 🍎5~6월 ■한국, 일본 ■공원, 가로수

세룰라타벚나무 식
오시마벚나무 계열의 원예 품종으로서, 4월 중순에 피며 겹꽃 종이 많습니다. ■장미과 ■낙엽고목 ■5~15m ❀4월 ■공원, 가로수 ■꽃(소금 절임)

복숭아 외 식 독
꽃이 아름다운 복사나무와 열매를 수확할 수 있는 열매 복사나무가 있습니다. 덜 익은 열매에는 독이 있습니다. ■장미과 ■낙엽소교목 ■2~8m ❀3~4월 🍎7~9월 ■중국 원산 ■공원, 재배 ■익은 열매(생식)

익지 않은 파란 매실 열매에는 독이 있다.

매실나무 외 식 독
잎이 나기 전인 이른 봄에 꽃이 피고, 장마 때 열매가 노랗게 익습니다. ■장미과 ■낙엽소교목 ■3~6m ❀2~3월 🍎6월 ■중국 원산 ■공원, 정원, 재배 ■열매(매실 장아찌, 매실주)

황매화
본래는 산지에서 자라지만, 정원이나 공원에서도 잘 자랍니다. ■장미과 ■낙엽저목 ■1~2m ❀4~5월 🍎9~10월 ■한국 원산 ■공원, 정원, 산지

▶햇살이 강하지 않은 장소를 선호한다.

◀겹꽃(수술이 꽃잎이 되고, 수없이 겹쳐 피는 것) 품종도 있다.

은엽아카시아(미모사) 외

날개처럼 세세한 은색 잎과 공 같은 노란색 꽃이 특징입니다. ■콩과 ■상록소고목
■5~10m ✿2~4월 🍎5~6월 ■호주 원산
■공원, 정원

▲노란색 꽃이 만개한 은엽아카시아.

포플러 외

세로로 가늘고 긴 독특한 형태의 수목으로, 암그루는 초여름에 솜털 달린 종자를 날립니다. ■버드나무과
■낙엽고목 ■20m ✿3월
🍎5월 ■유럽 원산 ■공원, 가로수

등나무 식

잎은 다섯 장에서 일곱 장의 작은 잎으로 이루어져 있습니다.
■콩과 ■낙엽 덩굴 생목본
✿5월 🍎10~11월
■한국, 일본 ■정원, 공원, 숲 가장자리, 산지 ■새싹(무침), 열매(볶은 콩)

박태기나무 외

둥글고 갈라지지 않은 잎이 꽃이 핀 자리에 납니다. ■콩과 ■낙엽저목 ■2~4m
✿5~6월 ■중국 원산 ■공원, 정원

양골담초 외 독

잎과 가지에 독이 있고, 붉은색이나 분홍색 등의 원예 품종이 있습니다.
■콩과 ■낙엽저목
■1~3m ✿5~6월
🍎8~10월 ■유럽 원산
■공원, 정원

굴거리나무 독

상록수지만 봄에 새잎이 나면 오래된 잎은 떨어집니다. 잎과 나무껍질에 독이 있습니다. ■굴거리나무과
■상록고목 ■3~10m ✿5~6월
🍎11~12월 ■한국, 일본, 중국
■공원, 가로수, 산지

오동나무

목재가 매우 가벼워, 가구의 재료가 됩니다. ■오동나무과 ■낙엽고목
■5~15m ✿5~6월 ■한국 원산
■공원, 정원, 숲속, 산지

모란 외
중국에서는 꽃의 왕이라 불리며, 하양과 분홍, 빨강의 커다란 꽃을 피웁니다. ■작약과 ■낙엽저목
- 50~180cm ❀4~5월, 11~12월
- 중국 원산 ■공원, 정원

계수나무
늦가을에 잎이 지면 그와 동시에 주변에 달콤한 향이 감돕니다.
■계수나무과 ■낙엽고목
- 5~30m ❀3~5월 🍎11~12월
- 일본 원산 ■공원, 가로수, 늪지

▲가로수로 자주 보인다.

뿔남천 외
가을에 감색 열매를 맺습니다.
■매자나무과 ■상록저목
- 0.8~2m ❀3~4월 🍎9~11월
- 중국 원산 ■공원, 정원

자목련 외
백목련과 닮았지만 꽃은 적자색입니다. ■목련과
■낙엽소고목 2~5m ❀3~4월 🍎9~10월
- 중국 원산 ■공원, 정원

▲자목련과 닮았지만 하얀 꽃을 피우는 게 '백목련'이다. 10m 이상의 거목이 된다.

🌿 공룡 시대부터 있었던 목련

목련은 1억 년 이상 전에 탄생했다는 것이 화석으로 밝혀졌습니다. 그때부터 지금까지 별로 다르지 않은 형태를 하고 있습니다. 벌레가 꽃가루를 옮기는 목련종과 바람으로 꽃가루를 옮기는 너도밤나무종 사이에 어느 꽃이 더 오래됐는지 오랜 세월 밝혀지지 않았으나, DNA를 활용한 연구로 목련종이라는 것이 밝혀졌습니다. 목련은 꽃가루를 먹는 풍뎅이종에 의해 꽃가루가 다른 나무로 옮겨집니다. 곤충과 꽃의 주고받는 관계는 1억 년 이상 전부터 이어졌다고 여겨집니다.

▲목련의 꽃가루를 먹는 갑충들. 1억 년 전에도 비슷한 광경이 펼쳐졌을지 모른다.

태산목
지름이 20cm에 달하는, 달콤한 향의 하얀 꽃을 피웁니다. ■목련과 ■상록고목 ■5~20m ❀6월 🍎10~11월 ■북아메리카 원산 ■공원, 정원

크기 Check

꽃은 매우 좋은 향이 난다.

튤립나무
잎은 어긋나고 넓고 둥근 달걀 모양이며, 좋은 향이 나는 꽃을 위쪽으로 피웁니다. ■목련과 ■낙엽고목 ■10~30m ❀5~6월 🍎10~11월 ■북아메리카 원산 ■공원, 가로수

크기 Check

▲가로수로 심어져 있다.

▲메타세쿼이아의 잎 화석. 지금과 형태가 다르지 않다.

크기 Check

메타세쿼이아
백악기부터 존재했던 식물로 '살아있는 화석'이라고도 불립니다. ■측백나무과 ■낙엽고목 ■5~20m ❀2~3월 🍎10~11월 ■중국 원산 ■공원, 가로수

식물 박사가 되자!

세계에서 제일 큰 나무

나무는 매년 줄기가 두꺼워져 몇십 미터 높이로도 성장할 수 있습니다. 어느 정도까지 커질 수 있을까요?

크게 자라는 세쿼이아종

세계에서 가장 큰 나무는 미국의 세쿼이아 국립 공원에 있는 '자이언트세쿼이아(거삼나무)'라는 식물종입니다. 가장 부피가 큰 것은 높이 84m, 밑의 줄기 지름 약 11m에 이르며, '제너럴 셔먼'이라고 불립니다.
한편 세계에서 가장 높은 나무도 미국에 있으며, 레드우드(거삼나무)라고 불리는 식물종이 115m 이상(40층 빌딩) 높이에 달합니다.

거목을 지탱하는 줄기

나무의 줄기 단면을 보면, 중심에서 주위로 넓어지는 고리 모양이 보입니다. 이것을 '나이테'라고 합니다. 가장 바깥쪽에는 '형성층'이라고 불리는 부분이 있어 세포 분열이 일어나 점점 세포가 늘어나고, 성장합니다. 봄에는 순조롭게 분열·성장하지만, 겨울에는 거의 분열·성장하지 않습니다. 이 차이가 나이테를 만듭니다. 나이테의 폭을 보면, 1년에 어느 정도 성장하는지 알 수 있습니다.
나무 부분의 세포는 셀룰로스와 리그닌을 포함하며, 이윽고 죽어 버리지만 단단하고 견고한 조직으로 바뀝니다. 이것의 반복으로 매년 줄기가 굵어집니다.

⊙ 줄기의 단면

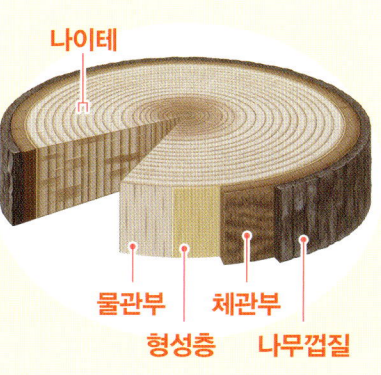

가장 바깥쪽에 나무껍질이 있고, 그 안쪽에 뿌리에 영양분을 보내는 관이 모인 체관부가 있습니다. 그 안쪽에는 형성층, 더 안쪽에는 잎이나 가지로 수분이나 미네랄을 보내는 관이 모인 물관부가 있습니다.

자이언트세쿼이아. 사람(화살표)과 비교하면 그 크기를 가늠할 수 있다.

 식물 박사가 되자!

들풀·나무 열매를 먹어 보자

들풀이나 나무 열매 중에는 먹을 수 있는 것이 많습니다. 친숙한 민들레(→p.24)나 도토리 등도 조리하면 먹을 수 있습니다.

▶산뽕나무(→p.149) 열매.

자연은 음식의 보고

친숙한 장소에서 자라는 식물 중에는 식용으로 쓰이는 것이 많습니다. 예를 들면, 냉이와 별꽃은 정원과 밭에 만연한 잡초로서 미움받지만, 모두 '봄의 일곱 화초'로서 예로부터 겨울의 잎채소 대용으로 여겨졌습니다. 민들레도 유럽에서는 어엿한 야채 중 하나입니다.

또한, 나무 열매인 산딸기류 등은 생으로 먹을 수 있고 달콤한 맛이 납니다. 도토리는 물에 담그거나 데치면 알싸하고 떫은맛이 없어져 먹을 수 있습니다.

한편, 독이 있는 식물도 많이 존재합니다. 조금이라도 자신 없으면 먹지 맙시다. 또한, 이웃의 정원과 밭에서 재배되고 있는 것 또는 보호 구역에서 자라고 있는 것을 채취해서는 안 됩니다.

▲냉이(→p.30)는 봄의 일곱 화초 중 하나다. 봄의 일곱 가지 나물을 넣어 끓인 죽(오른쪽 사진)의 건더기로도 쓰인다.

▲6월경 열매가 맺히는 멍석딸기(→p.39)는 새콤달콤하며, 생으로 먹거나 잼으로 만든다.

▲6월경 열매가 맺히는 소귀나무(→p.174)는 여물면 빨간 것이 검게 변한다. 검게 되면 제철이다.

민들레를 먹는 방법

민들레는 꽃, 잎, 뿌리 등을 전부 먹을 수 있습니다. 봄에 어린잎이 나며, 꽃을 피울 때 채취하면 좋습니다.

꽃 무침, 튀김

민들레의 꽃은 튀기면 색이 예쁩니다. 쓴맛도 없습니다.

잎 무침, 튀김

어리고 부드러운 잎은 쓴맛이 덜합니다.

뿌리 민들레 커피, 우엉 조림

민들레의 뿌리를 물에 담가 떫은맛을 없앤 후, 잘게 잘라 커피처럼 뜨거운 물을 붓습니다. 보통 커피와는 다르게 카페인이 들어 있지 않습니다.

간단! 민들레 잎 무침 만드는 법

① 채취한 잎을 깨끗이 씻는다. 쓴맛을 잡고 싶은 경우에는 한나절 정도 물에 담가 떫은맛을 제거한다.

② 부드러워질 때까지 몇 분간 데친 후, 몇 센티미터 길이로 자른다.

③ 볼에 간장, 설탕, 조미료, 깨를 넣고 데친 잎을 무치면 완성.

완성!

▶민들레 잎 무침. 쌉쌀하면서도 맛있다.

도토리를 먹는 방법

도토리에는 탄수화물 등의 영양분이 풍부하게 들어 있습니다. 졸참나무 등은 매우 떫은맛이 강하지만, 꼼꼼히 손질하면 먹을 수 있습니다. 또한 구실잣밤나무와 모밀잣밤나무 등 일부 도토리는 떫은맛이 약해 그대로 볶아서 먹을 수 있습니다.

떫은맛이 약한 것

구실잣밤나무와 모밀잣밤나무 등의 도토리는 떫은맛이 약해, 프라이팬 등에 볶아 먹을 수 있습니다.

구실잣밤나무(→p.149)

모밀잣밤나무

떫은맛이 강한 것

상수리나무와 졸참나무 등은 떫은맛이 매우 강해, 꼼꼼히 손질하지 않으면 먹을 수 없습니다.

상수리나무(→p.162)

졸참나무(→p.163)

간단! 볶은 도토리 만드는 법

① 구실잣밤나무 등 떫은맛이 약한 도토리를 물에 헹군다.

② 약한 불로 프라이팬에 볶는다. 튀는 경우가 있으므로 뚜껑을 덮는 게 좋다.

③ 볶으면 2~3분 후 껍질이 갈라진다.

④ 갈라진 껍질과 안의 얇은 껍질을 벗기면 완성. 소금을 뿌리면 더 맛있다.

우리 동네 식물 여름

잎 전체에 독이 있다.

잎의 뒷면과 줄기에 날카로운 가시가 있다.

열매

까마중 〈독〉

검은빛을 띠는 동그란 열매가 여럿 맺히지만, 독이 있어 먹을 수 없습니다. ■가지과
■한해살이풀 ■30~60cm
✿7~10월 ■한국, 일본
■길가, 밭

구분법

꽃

꽃잎이 얕게 패여 있다. 꽃잎이 깊게 패여 있다.

▲까마중　▲큰까마중

도깨비가지 〈외〉〈독〉

지름 1cm의 토마토 같은 열매가 맺힙니다. ■가지과
■여러해살이풀 ■70~80cm
✿6~10월 ■북아메리카 원산
■길가, 풀밭, 밭

애기메꽃 〈식〉

메꽃과 닮았지만 꽃이 작고 윤곽이 오각형 모양입니다.
■메꽃과 ■덩굴성 여러해살이풀 ✿5~10월
■한국, 일본, 중국
■길가, 황무지, 담장
■새싹(튀김, 볶음)

나팔꽃, 메꽃, 박꽃, 밤나팔꽃

나팔꽃과 메꽃은 같은 메꽃과로 가까운 식물이지만, 박꽃은 비슷하게 생겼음에도 박과로 조롱박과 같은 종입니다. 별로 알려지지 않았지만, 밤나팔꽃이라는 이름의 식물도 있습니다. 밤나팔꽃은 메꽃과로 여름 저녁에서 밤 사이에 개화해, 아침에 시듭니다.

◀밤에 꽃을 피우는 밤나팔꽃. 야행성 박각시가 꿀을 빨러 온다.

메꽃 〈식〉

꽃받침 밑에 커다란 꽃턱잎이 두 장 있습니다.
■메꽃과 ■덩굴성 여러해살이풀 ✿6~9월 ■한국
■길가, 황무지, 담장 ■새싹(튀김, 볶음)

분홍색 꽃은 저녁이 되면 시든다.

꽃턱잎
꽃을 감싸는 잎.

■과명 ■생활 양식 ■크기 ✿꽃이 피는 시기 ■열매가 맺히는 시기 ■분포 또는 원산지 ■발견되는 장소 ■먹는 방법 〈외〉외래종 〈식〉먹을 수 있는 식물 〈독〉독이 있는 식물

질경이 식

사람과 차가 지나다녀 흙이 밟혀서 단단해진 장소에서 주로 자랍니다. ■질경이과 ■여러해살이풀 ■15~20cm ❀4~9월
■한국, 일본, 중국 ■길가 ■어린잎(무침, 튀김)

수꽃과 암꽃이 피는 시기를 겹치지 않도록 하여, 자신의 꽃가루에 의해 수분되는 것을 막는다.

▲수꽃 시기의 꽃. 암술 끝이 이미 맥없이 처져 있다.

로제트 — 지면에서 원형으로 퍼지는 잎.

겨울은 로제트 상태로 보낸다.

▲잎은 잎맥이 끊어지기 어렵고 견고해서, 밟아도 멀쩡하다.

🌿 밟혀도 끄떡없음

질경이는 사람이 다니는 도로변 등에 많이 자랍니다. 줄기와 잎 안 조직이 매우 견고해, 사람이 밟아도 시들지 않고 자랄 수 있습니다. 오히려 사람이 밟는 것을 이용하기도 합니다. 사람이 질경이를 밟으면 신발 뒤꿈치 등에 종자가 붙습니다. 종자는 신발에 달라붙은 채 운반되어 종자가 떨어진 장소에 또다시 질경이가 자라게 됩니다.

창질경이 외

잎은 질경이보다 가늘고 길며, 주걱 같은 모양을 띕니다. ■질경이과
■한해살이~여러해살이풀
■20~70cm ❀5~8월 ■유럽 원산
■황무지, 둑

마편초

줄기는 상부에서 가지가 나뉘고, 옅은 갈색 열매는 작고, 네 개의 종자가 들어 있습니다. ■마편초과
■여러해살이풀 ■30~80cm ❀6~9월
■한국, 일본, 중국 ■길가, 황무지, 강가

개갓냉이

속속이풀(→p.89)과 비슷하지만, 열매는 가늘고 긴 형태를 하고 있습니다.
■십자화과 ■여러해살이풀 ■10~50cm
❀4~9월 ■한국 원산 ■길가, 풀밭

▲열매에 독이 있다.

계요등 독

사랑스러운 꽃과는 반대로, 잎을 문지르면 썩는 냄새가 납니다. ■꼭두서니과
■덩굴성 여러해살이풀
❀6~9월 ■아시아 원산
■길가, 강가, 담장

꽃봉오리

꽃이 시들어도 붉어지지 않는다.

▲ 밤에 꽃을 피우는 큰달맞이꽃.

큰달맞이꽃 외 식

밤에 커다란 노란색 꽃을 피우지만, 최근에는 작아졌습니다. ■바늘꽃과
■두해살이~여러해살이풀 ■80~150cm
✿6~9월 ■북아메리카 원산
■길가, 강가 ■새싹(무침)
꽃·꽃봉오리(튀김, 초무침)

🌿 밤에 잎이 닫힌다

괭이밥종은 하트 모양의 작은 잎이 세 장 모여 하나의 잎이 됩니다. 이들 잎은 낮 동안만 열리고 밤에는 접히듯 닫힙니다.

애기땅빈대 외

땅을 기듯 퍼지고, 잎 중앙에 보라색 무늬가 있습니다.
■대극과 ■한해살이풀 ■10~40cm ✿6~10월
■북아메리카 원산 ■길가, 밭

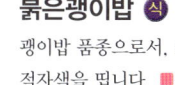 꽃

붉은괭이밥 식

괭이밥 품종으로서, 잎과 줄기가 적자색을 띱니다. ■괭이밥과
■포복성 여러해살이풀 ■3~7cm
✿3~11월 ■한국, 일본 ■길가, 풀밭, 밭 ■잎(국 건더기)

자주괭이밥 외

비늘줄기(땅속에 있는 줄기가 영양분을 비축해서 두꺼워진 것)로 쑥쑥 자랍니다.
■괭이밥과 ■여러해살이풀 ■5~20cm
✿5~7월 ■남아메리카 원산
■길가, 황무지, 숲 가장자리

밤에 잎을 닫은 괭이밥.

괭이밥 식

작은 잎은 하트 모양을 하고 있으며, 씹으면 신맛이 납니다. ■괭이밥과 ■포복성 여러해살이풀
■5~15cm ✿3~11월 ■아시아, 유럽, 아메리카
■길가, 풀밭, 밭 ■잎(국 건더기)

55

우리 동네 식물 여름

거지덩굴 식
꽃에는 많은 곤충이 모이지만, 열매는 거의 맺히지 않습니다. ■포도과 ■덩굴성 여러해살이풀 ❋6~9월
■한국 원산 ■길가, 강가, 담장 ■새싹(무침, 볶음)

🌿 덩굴로 휘감는다
거지덩굴은 덩굴을 뻗어 다른 식물이나 담장에 휘감겨 성장합니다. 덩굴 끝에 감겨 붙은 것을 붙잡은 후, 용수철처럼 비틀어져, 쉽게 말해 떨어질 수 없게 됩니다. 덩굴이 잘 뻗어 감겨 붙은 식물을 덮고 빛을 가려 시들게 하는 경우도 있기 때문에 '거지덩굴'이라는 이름이 붙었습니다.

◀담장에 엉긴 거지덩굴의 덩굴.

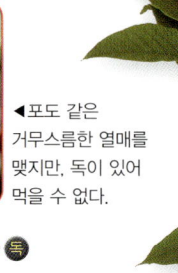

◀포도 같은 거무스름한 열매를 맺지만, 독이 있어 먹을 수 없다.

미국자리공 외 독
열매 송이가 익으면 축 처집니다. 뿌리는 우엉처럼 두꺼워집니다.
■자리공과 ■여러해살이풀
■1~2m ❋6~9월 ■북아메리카 원산 ■길가, 풀밭, 황무지

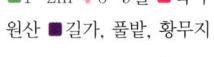꽃

쇠비름 식
햇살과 건조한 환경에 매우 강하고, 아침에 노란색 꽃을 피웁니다.
■쇠비름과 ■한해살이풀
■10~30cm ❋7~9월 ■세계 각지
■길가, 밭 ■줄기·잎(무침)

긴털비름 외 식
이삭은 가늘고 긴 녹색이며, 도중에 짧은 곁가지가 잔뜩 납니다. ■비름과
■한해살이풀 ■60~150cm
❋7~11월 ■남아메리카 원산
■길가, 풀밭, 황무지
■새싹·잎(나물, 무침)

▲수술이 세 개다.

개비름 외 식
줄기가 비스듬하게 나며, 잎 끝이 뾰족하지 않고 움푹 들어간 것이 특징입니다. ■비름과
■한해살이풀 ■15~50cm ❋6~11월 ■원산지 불명 ■길가, 밭 ■새싹·잎(나물)

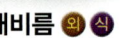

묵밭소리쟁이 외
간격을 두고 꽃이 피는 게 특징이며 꽃받침이 달린 부분에 혹이 있습니다. ■마디풀과
■여러해살이풀 ■40~80cm ❋5~10월
■유럽 원산 ■길가, 풀밭, 황무지, 강가

개여뀌
양념으로 쓰이는 여뀌와 달리, 잎에 매운맛이 없어 도움이 되지 않습니다.
■마디풀과 ■한해살이풀
■20~60cm ❋6~11월
■한국, 일본, 중국
■길가, 풀밭, 둑

꽃은 연한 붉은색을 띠고, 잎의 가장자리는 작게 굽이친다.

구분법
▲개여뀌 (분홍) ▲흰개여뀌 (하양)

털여뀌 외
홍색 이삭이 아름다워 정원에서 재배되지만, 각지에서 야생화되었습니다. ■마디풀과
■한해살이풀 ■100~150cm
❋7~10월 ■열대 아시아 원산
■길가, 풀밭, 황무지

▶줄기가 무수한 털로 덮여 있다.

마디풀
줄기가 마디 이어지듯이 연결되어 있어서 붙여진 이름입니다. ■마디풀과
■한해살이풀 ■10~40cm
❋5~10월 ■한국, 일본, 중국 ■길가, 황무지

▲꽃은 잎이 나는 부분에 작게 핀다.

죽자초 독
꽃의 수술이 솜털처럼 보입니다. 풀 전체에 독이 있습니다.
■양귀비과 ■여러해살이풀
■1~2m ❋7~8월 ■한국, 일본
■길가, 황무지, 숲 가장자리

강아지풀 식

'개꼬리풀'이라고도 합니다. 식용인 조의 원종 식물입니다. ■벼과 ■한해살이풀 ■30~80cm ✿5~10월 ■한국 원산 ■길가, 풀밭, 밭 ■종자(팝콘)

이삭

▲황무지에서는 한쪽에 모여 난다.
▲강아지풀 팝콘.

강아지풀은 강아지 꼬리처럼 생겼다.

벼과 식물의 이삭

강아지풀 등 벼과 식물과 사초과 식물은 줄기 꼭대기에 '이삭'을 가지고 있습니다. 이삭은 하나부터 복수의 낱꽃(작은 이삭)이 모여 이루어집니다. 꽃이 시든 후 열매도 이삭 부분에 모여 납니다. 벼와 밀처럼 열매를 식용으로 삼는 벼과 식물은 '곡물(→p.122)'이라 불리며, 이삭 부분을 길러 수확합니다.

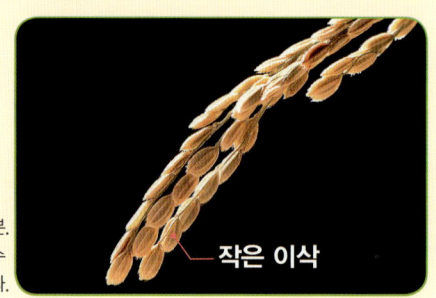
▶벼의 이삭 부분. 작은 이삭이 다수 모여 이삭이 된다. 작은 이삭

수크령

뿌리가 견고해 잘 뽑히지 않습니다. 열매는 억센 털을 가지고 있습니다. ■벼과 ■여러해살이풀 ■50~80cm ✿8~11월 ■한국, 중국 ■길가

바랭이보다 굵다.

견고하고 평평한 줄기.

왕바랭이보다 가늘다.

이삭이 나오기 전에는 바랭이와 왕바랭이를 구별하기 어렵다.

작은 이삭 수술 암술

▲암술과 수술이 보인다.

가늘고 둥근 줄기.

작은 이삭 수술 암술
◀암술과 수술이 보인다.

왕바랭이

줄기와 잎이 매우 견고해 밟혀도 꺾이지 않습니다. ■벼과 ■한해살이풀 ■30~60cm ✿7~10월 ■한국 원산 ■길가, 밭

바랭이

왕바랭이와 비교해 보면 겉모습이 여릿여릿합니다. ■벼과 ■포복성 한해살이풀 ■10~50cm ✿7~11월 ■한국 원산 ■길가, 풀밭, 밭

비노리
새포아풀(→p.33)과 닮았지만 이삭은 갈색입니다. ■벼과
■한해살이풀 ■10~20cm
❀8~10월 ■세계 각지
■길가, 밭

꽃가루가 이른 아침에 많이 흩날린다.

오리새 외
목초였던 것이 야생화되어 초봄 꽃가루 알레르기의 원인 중 하나가 되었습니다. ■벼과 ■여러해살이풀
■30~100cm ❀5~8월 ■유럽 원산
■길가, 풀밭, 둑

◀길게 자라는 줄기가 모여 난 큰참새피.

까끄라기(가시)
두 개가 길게 난다.

작은 이삭

이삭은 붉은색을 띤다.

향부자
부푼 뿌리의 일부는 한약 재료로 쓰입니다.
■사초과 ■여러해살이풀 ■15~40cm
❀7~10월 ■한국 원산 ■길가, 밭, 강가

작은 이삭

◀암술과 수술이 흑자색이다.

큰참새피 외
목초로 재배됐지만 야생화됐습니다.
■벼과 ■여러해살이풀 ■40~90cm
❀8~10월 ■남아메리카 원산
■길가, 풀밭, 둑

메귀리 외 식
비슷하게 생긴 귀리는 오트밀의 원료가 됩니다. ■벼과
■한해살이~두해살이풀
■60~100cm ❀5~7월
■유럽 원산 ■길가, 풀밭, 둑
■이삭(오트밀)

◀귀리는 까끄라기가 없어서인지 한 포기뿐이다.

닭의장풀
꽃은 아침에 피어 반나절 후 시듭니다.
- 닭의장풀과 ■ 한해살이풀
- 30~70cm ❀ 6~10월 ■ 한국, 일본, 중국
- 길가, 풀밭 ■ 새싹(무침, 초무침)

파랗고 눈에 띄는 두 장의 꽃잎.

암술

하얗고 눈에 띄지 않는 한 장의 꽃잎.

실제 크기

형태가 다른 수술이 여섯 개 있다.

🍃 닭의장풀의 덧없는 꽃

닭의장풀의 파란 꽃잎은 눈에 아주 잘 띕니다. 꽃잎은 얇아서 채집하면 얼마 안 가 시들고 맙니다. 파란 색소는 안토시아닌 화합물로, 물에 잘 녹습니다. 닭의장풀의 원예 품종인 큰닭의장풀은 그 색소를 얻기 위해 재배됩니다. 모은 꽃잎에서 얻은 색소는 손으로 채색하는 그림에 쓰입니다. 채색한 후 물로 헹구면 그림의 색소가 빠집니다. 닭의장풀은 꽃잎뿐만 아니라 그 색소도 덧없는 것이지요.

◀ 닭의장풀의 꽃잎 색소를 하얀 종이에 바르면 아름다운 푸른색을 띤다.

종자

종자   꽃턱잎

◀ 열매가 익으면 꽃을 감싸고 있던 '꽃턱잎'이라고 불리는 부분이 열리면서 종자가 튀어나온다.

등심붓꽃
보라색 꽃을 피우는 것과 하얀색 꽃을 피우는 것이 있습니다. ■ 붓꽃과 ■ 여러해살이풀 ■ 10~20cm
❀ 5~6월 ■ 북아메리카 원산 ■ 길가, 둑, 풀밭

꽃

▲ 작은 꽃이 줄기 주변에 들러붙듯 꼬여 늘어진다. 꼬이는 방법에는 오른쪽으로 꼬임과 왼쪽으로 꼬임이 있다.

타래난초
공원 등 잔디에 자라는 난초로, 뿌리가 하얗고 두껍습니다.
- 난초과 ■ 여러해살이풀
- 10~40cm ❀ 6~7월
- 한국, 일본, 중국
- 풀밭, 황무지, 둑

산달래 식

풀 전체에서 파와 비슷한 향이 나며 잎은 파처럼 대롱 모양입니다. ■수선화과 ■여러해살이풀
■30~80cm ❀5~6월 ■한국, 일본, 중국
■둑, 풀밭 ■비늘줄기(생식, 무침, 국 건더기)

비늘줄기

땅에서 캔 산달래. 비늘줄기(땅속에 있는 줄기가 영양분을 머금어 두꺼워진 것)는 먹을 수 있다.

주아
꽃
실제 크기

꽃차례
꽃의 모임.

총포
꽃차례를 감싼다.

산달래의 주아는 초여름에 살포된다.

🌿 꽃과 주아

산달래는 꽃과 더불어 주아(→p.31)가 생깁니다. 주아는 땅에 떨어지면 그대로 싹으로 자라 새 개체가 됩니다. 꽃이 피어도 종자가 거의 생기지 않는 산달래는 주아로 자손을 늘립니다.

베트남에서는 생선 요리의 향초로 쓰인다.

🌿 약이 되는 식물

약모밀은 예로부터 일본에서 약으로 쓰여 왔던 식물입니다. 약모밀은 여러 효용이 있어 '십약'이라는 이름으로 알려져 있습니다. 민간 약재로서 말린 잎을 차로 마시면 변비와 냉병에 효과가 있다고 여겨집니다. 가까운 식물 중에는 칡(→p.54)과 향부자(→p.59) 같은 약초도 있습니다. 그중에는 중국에서 전해진 한방약으로 이용되고 있는 것도 있습니다.

▲뿌리줄기(→p.8)로 증식하며 키 작은 풀이 한쪽에 퍼진다.

▲말린 약모밀의 잎.

약모밀 식

어둑하고 습한 장소에서 자라며, 줄기와 잎에 강한 향이 있습니다.
■삼백초과 ■여러해살이풀
■15~50cm ❀6~7월
■한국, 일본, 중국 ■길가, 숲 가장자리 ■땅속줄기(우엉 조림), 잎(튀김, 볶음)

화단의 화초 여름

여름 화단에는 형형색색의 꽃이 핍니다. 여름에 피는 꽃 중에서도 더위나 건조한 환경을 싫어하는 종이 있습니다. 그늘을 만들거나 물을 더 주는 식으로 돌봐 봅시다.

과꽃
보통은 겹꽃을 피웁니다.
■국화과　■30~100cm　✽보라, 분홍, 하양 등　■한국

달리아
겹꽃과 홑꽃이 있습니다.　■국화과
■20~250cm　✽분홍, 빨강, 노랑, 하양 등　■멕시코, 과테말라

백일홍
꽃이 길게 피어 '백일홍'이라고 합니다.
■국화과　■30~100cm
✽보라, 빨강, 하양 등　■멕시코

메리골드
겹꽃과 홑꽃이 있습니다.　■국화과
■15~100cm　✽주황, 노랑 등
■멕시코

붉은숫잔대
습한 장소를 선호합니다.　■초롱꽃과
■50~100cm　✽빨강, 하양 등
■북아메리카

해바라기
여름을 대표하는 꽃입니다. 종자를 식품이나 기름으로 쓰기 위해 재배되기도 합니다.　■국화과
■30~200cm　✽노랑　■북아메리카

허브종

캐모마일
사과 같은 향이 나며 허브티로 이용됩니다.
■국화과　■20~60cm
✽하양　■유럽

타임
고기의 역한 냄새를 없애는 용도 등에 효과가 있습니다.
■꿀풀과　■10~30cm
✽분홍　■남유럽

바질
이탈리아 음식에 빠지지 않는 허브입니다.
■꿀풀과
■20~80cm　✽하양
■열대 아시아

라벤더
허브티나 입욕제 등, 광범위하게 이용됩니다.
■꿀풀과
■20~130cm
✽보라　■지중해 연안

■과명　■크기　✽꽃의 색깔　■원산지

아리세마 세라툼 [독]
(Arisaema serratum)

새싹 근처의 헛줄기(줄기를 감싼 꼬투리 같은 잎)가 살무사 같은 반점 모양을 띕니다. 풀 전체에 독이 있습니다.
■천남성과 ■여러해살이풀 ■30~60cm
❀4~5월 ■일본, 중국 ■숲속

🍃 벌레를 잡는 함정

아리세마 세라툼은 수꽃과 암꽃이 각각 다른 포기에 납니다. 수꽃을 방문한 곤충은 꽃 밑에 있는 출구로 나갈 수 있습니다. 하지만 암꽃의 출구는 작아 곤충이 밖으로 나갈 수 없습니다. 그동안 곤충의 몸에 묻은 꽃가루가 암술에 닿아 수분이 이루어집니다.

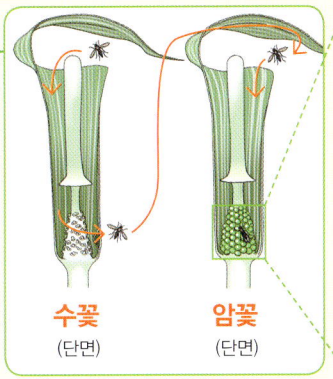

수꽃 (단면)   암꽃 (단면)

▲수꽃에서 암꽃으로 이동한 곤충에 의해 수분이 이루어진다.

▲개화 후 암꽃에 갇힌 파리의 사체.

1개의 꽃이삭이 촛대 같이 자라므로 홀아비꽃대라고 한다.

홀아비꽃대
꽃에 꽃잎과 꽃받침이 없으며 실처럼 뻗은 하얀 수술이 눈에 띕니다.
■홀아비꽃대과 ■여러해살이풀
■20~30cm ❀3~5월 ■한국, 일본, 중국 ■숲속

꽃(개방화)   꽃(폐쇄화)

꽃대
여름에서 가을에 걸쳐 닫힌 꽃봉오리인 채 성숙하는 폐쇄화 이삭을 줄기에 맺을 수 있습니다.
■홀아비꽃대과 ■여러해살이풀 ■30~60cm
❀4~6월 ■한국, 일본, 중국 ■숲속

가을이 되면 옥수수 모양의 붉은 열매가 맺힌다.

불염포
육수꽃차례를 감싼다(→p.172).

풀 전체, 특히 알줄기와 열매에 독이 있다.

실 모양으로 뻗는 부속체.

무늬천남성 [독]
불염포에서 실 모양의 부속체로 불리는 것이 길게 뻗어 드리워집니다. ■천남성과
■여러해살이풀
■30~50cm ❀3~5월
■한국, 일본
■숲 가장자리, 풀밭

양치류 ~포자로 증식하는 식물

양치류(양치식물)는 종자가 아닌 포자로 증식합니다. 그 때문에 꽃을 피우지 않습니다. 포자는 잎의 뒷면이나 가장자리 등에서 만들어져 바람에 날립니다.

양치류의 구조와 생애

우리들이 볼 수 있는 양치류는 포자를 만들기 위한 '포자체'라고 불리는 것입니다. 땅 위에 나와 있는 부분은 전체가 잎에 해당하며, 줄기는 뿌리줄기로 땅에 숨겨져 있습니다. 양치류는 잎 뒷면 등에서 포자를 만듭니다.

포자가 성장하면 전엽체(배우체)라고 불리는 1cm 정도 크기의 하트 모양 상태가 됩니다. 전엽체는 정자를 만드는 부분과 난자를 만드는 부분을 가지고 있어, 만들어진 정자가 물속을 헤엄쳐 난자에 도달해 수정합니다. 수정한 곳에서 포자체가 생겨 성장합니다.

잎 — 양치류의 대다수는 작은 잎(소엽)이 짝을 이루는 커다란 잎(복엽)을 지녔다.

포자체

▲잎 뒷면에 빽빽이 달라붙은 포자가 든 주머니(포자낭).

전엽체(배우체) — 난자를 만드는 부분. 정자를 만드는 부분.

포자

정자와 난자가 수정한다.

정자

포자체가 만들어진다.

잎자루 — 줄기처럼 보이지만 잎의 일부다.

큰지네고사리 — 작은 잎이 타원형을 띤다. ■면마과 ■40~100cm ■한국, 일본, 중국 ■숲속

뿌리줄기 — 줄기에 해당하는 부분으로, 땅속에 있다.

비늘조각 — 잎자루의 밑 쪽에 빽빽이 달라붙은 비늘 같은 것.

뿌리 — 잘게 나뉜 뿌리. 뿌리줄기에서 돋아나 있다.

여러 양치류

한국에는 약 250종의 양치류가 있습니다. 가까운 곳에서 볼 수 있는 종도 많이 있습니다.

▼봄에 뻗는 '뱀밥'. 줄기 끝에 포자를 넣는 주머니가 있다.

쇠뜨기 〔식〕
포자를 만들기 위한 줄기가 뱀의 머리처럼 생겨서 '뱀밥'이라고 불립니다. 뱀밥의 잎은 짧으며, 줄기 주변에서 고리처럼 자랍니다.
■속새과 ■10~30cm ■한국, 일본 ■길가
■뱀밥(조림, 나물)

▼식용으로 쓰이는 어린 싹.

고사리 〔식〕〔독〕
갓 돋은 어린 싹을 산나물로 먹습니다. 생잎에 독이 있습니다. ■잔고사리과 ■50~100cm ■세계 각지
■풀밭, 둑 ■어린 싹(나물), 뿌리줄기를 가루로 만든 것(화과자)

나도히초미
잎이 방사형으로 퍼집니다.
■면마과 ■50~120cm
■한국, 일본, 중국 ■숲속

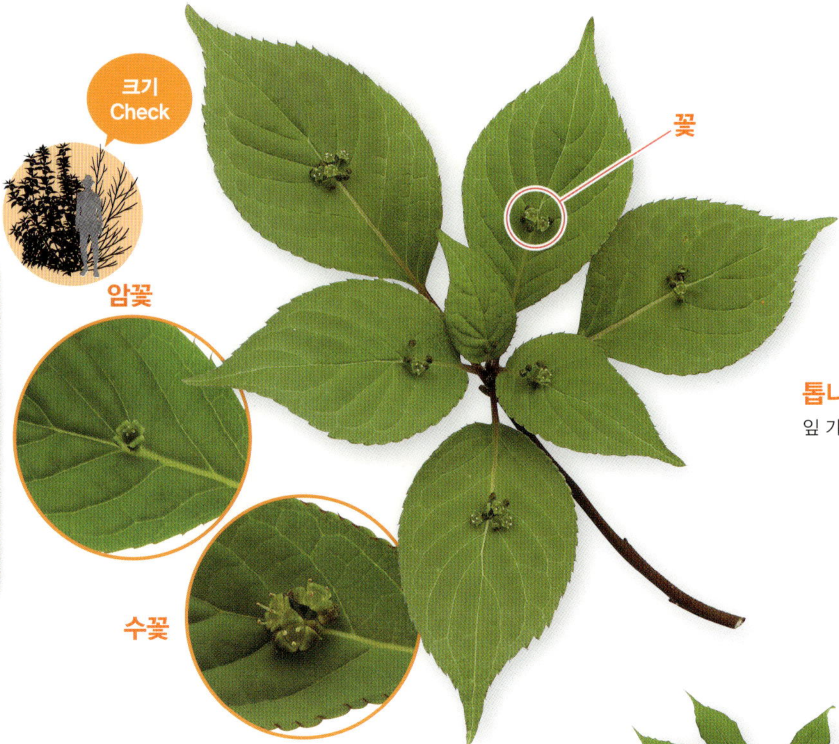

잡목림의 식물 봄

헬윙기아 야포니카 (Helwingia japonica) 식
암수딴그루. 잎 중앙 부근에 꽃과 열매를 맺습니다.
- 헬윙기아과 낙엽저목 1~3m 4~6월
- 8~10월 일본 숲속, 산지, 늪지
- 새싹(튀김, 무침, 국 건더기)

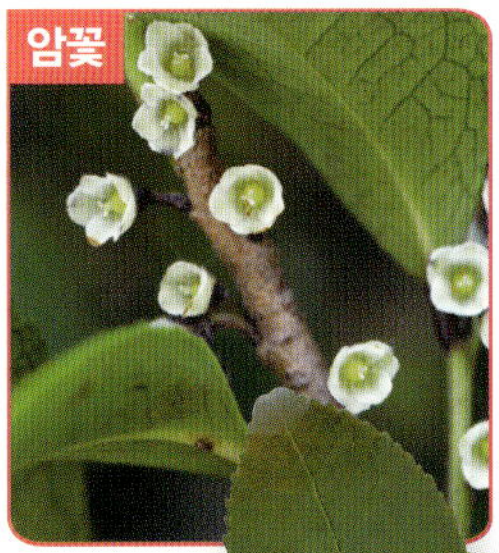

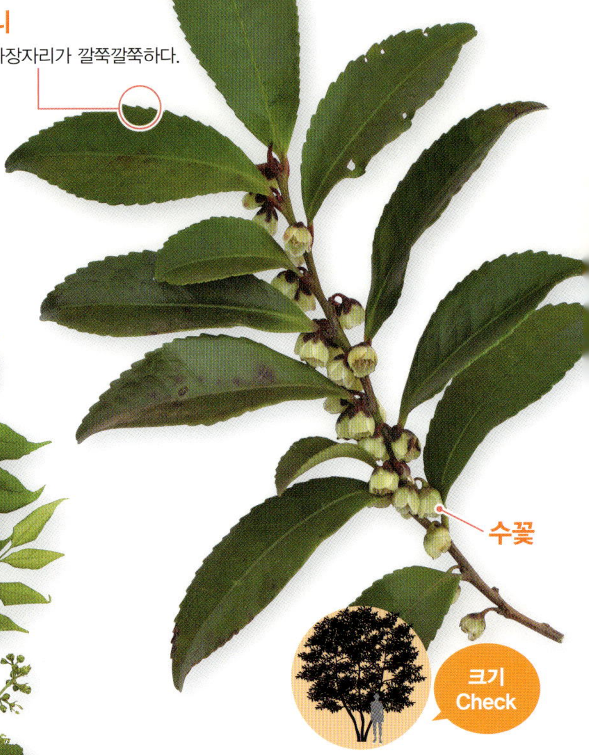

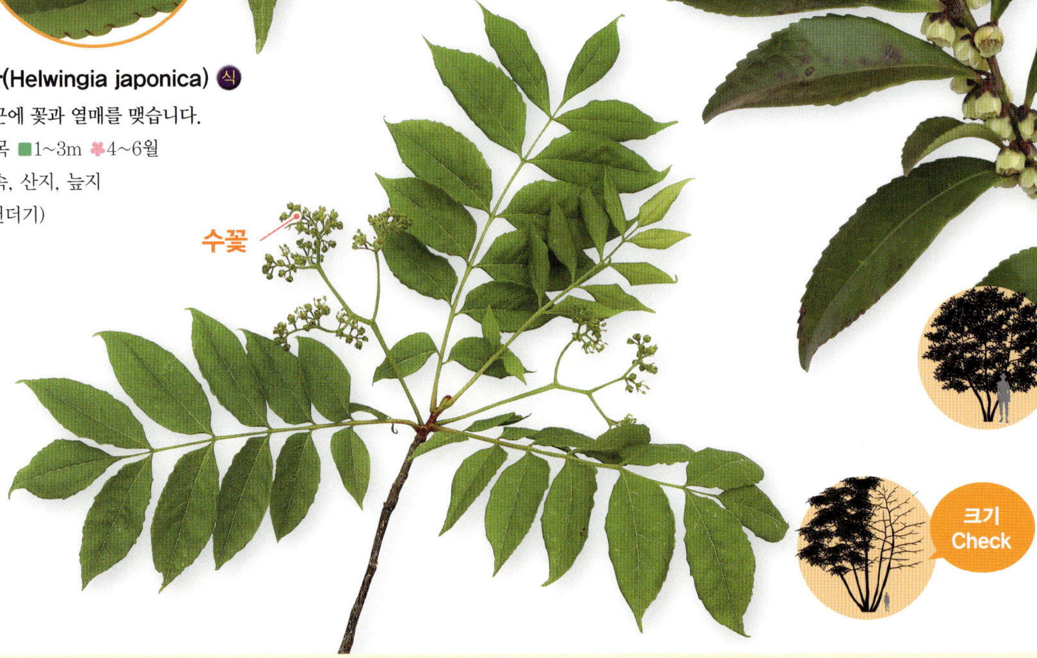

소태나무
암수딴그루. 나무껍질과 잎 등에서 강한 쓴맛이 납니다.
- 소태나무과
- 낙엽고목 5~15m
- 4~5월 9월
- 한국, 일본, 중국
- 숲속

사스레피나무
암수딴그루. 꽃이 필 때는 주변에 가스가 누출된 듯한 악취가 감돕니다.
- 펜타필락스과
- 상록저목~소고목
- 1~10m 3~4월 10~11월
- 한국 원산 숲속, 숲 가장자리

톱니: 잎 가장자리가 깔쭉깔쭉하다.

🌿 사람이 유지하는 잡목림

잡목림은 원래 자연이었던 숲에 사람의 손길이 닿아 생긴 숲입니다. 사람이 생활하기 위해 나무가 숯이나 장작으로 이용되고, 낙엽은 모아 비료로 쓰였습니다. 상수리나무(→p.162), 졸참나무(→p.163) 등의 낙엽활엽수가 중심인 잡목림은 삼림 속의 지표면까지 햇빛이 비쳐 다양한 초목이 자생합니다. 또한, 먹이도 풍부하기 때문에 다양한 동물의 거처가 됐습니다.

만일 잡목림을 보살피지 않고 방치해 둔다면, 가시나무(→p.163) 등의 상록활엽수가 침입해 일 년 내내 어두운 숲이 되어 버려 다양한 생태계를 유지할 수 없게 됩니다.

▶적당한 채벌과 풀베기, 낙엽 긁어 모으기로 안정적인 잡목림이 유지된다.

잡목림의 순환

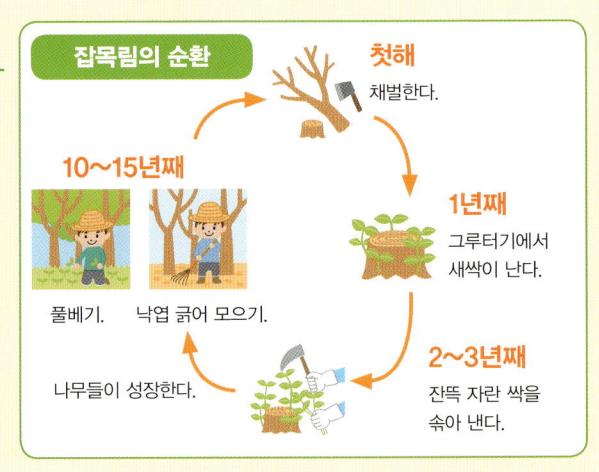

- **첫해**: 채벌한다.
- **1년째**: 그루터기에서 새싹이 난다.
- **2~3년째**: 잔뜩 자란 싹을 솎아 낸다.
- **10~15년째**: 풀베기. 낙엽 긁어 모으기. 나무들이 성장한다.

■과명 ■생활 양식 ■크기 ✿꽃이 피는 시기 ●열매가 맺히는 시기 ■분포 또는 원산지 ■발견되는 장소 ■먹는 방법 ⓘ외래종 ⓢ먹을 수 있는 식물 ⓓ독이 있는 식물

잡목림의 식물 봄

통조화
수꽃

축 처져서 핀다.

암수딴그루. 국내에는 없다고 여겨진 통조화는 2017년 완도 인근 무인도에서 발견됐습니다.
- 통조화과 낙엽저목
- 2~4m 3~4월 7~10월
- 한국, 일본, 중국 숲속, 숲 가장자리

붓순나무 (독)
잎에서 좋은 향이 납니다. 풀 전체에 독이 있으며, 특히 열매는 맹독을 지녔습니다.
- 오미자과 상록저목
- 2~5m 3~4월 9월
- 한국 원산 산지

목련
열매

양지와 음지를 가리지 않으나, 음지에서는 개화와 결실이 잘 되지 않습니다.
- 목련과
- 낙엽고목 5~15m 3~4월
- 9~10월 한국, 일본
- 숲속, 산지

일본 매자나무
가지에 날카로운 가시가 많이 있습니다.
- 매자나무과 낙엽저목 1~2m
- 4월 10~11월 일본, 중국
- 숲 가장자리, 풀밭, 산지

암꽃 **가시** **수꽃** **구과(솔방울)**

삼나무
예로부터 식수(植樹)로 여겨져 주택 등의 목재로 쓰여 왔습니다. 측백나무과
- 상록고목 5~50m 2~4월
- 10~11월 한국, 일본 숲속, 산지

🌿 성가신 삼나무 꽃가루

꽃가루 알레르기의 원인인 삼나무의 대부분은 조림된 것으로, 일본 삼림의 전체 5분의 1에 해당합니다(2012년). 1930년 무렵 전후의 부흥을 위해 일본 내의 삼림과 나무 대부분이 베어져 일본은 민둥산투성이가 됐습니다. 하지만 그렇게 되면 산에 비가 조금만 내려도 큰 홍수가 일게 됩니다. 그래서 민둥산이었던 산에 일제히 삼나무와 편백나무가 심어졌습니다. 그 결과로 홍수는 없어졌지만, 일본 사람들을 곤란하게 하는 꽃가루 알레르기의 원인이 된 것입니다.

▲ 연기처럼 꽃가루를 흩날리는 삼나무.

식물 박사가 되자!

성장이 빠른 대나무

대나무는 나무처럼 매년 두꺼워지지도 않고, 풀처럼 일 년에서 수년 안에 시들지도 않습니다. 또한, 성장하는 방법에서 나무나 풀에서 볼 수 없는 특징이 있습니다.

죽순에서 대나무로

대나무는 성장 속도가 매우 빠르다고 알려져 있습니다. 그 비밀은 '절간성장'이라는 독특한 성장 방법에 있습니다. 보통의 식물은 줄기 끄트머리에 있는 '성장점'이라는 부분이 왕성히 세포 분열을 해 성장합니다. 그것에 반해, 대나무는 마디 별로 '성장대'라고 불리는 부분이 있어, 그 성장대에서 세포가 길게 늘어나며 성장합니다. 이것이 절간성장입니다. 대나무는 보통 몇십 마디가 있습니다. 대나무는 성장할 수 있는 부분이 많은 만큼 보통 식물보다 매우 빠르게 성장하는 것입니다. 특히 죽순대는 몇 주 안에 20m나 성장하는 것으로 알려져 있습니다.

▶죽순대의 죽순의 단면. 많은 마디가 보인다.

● **대나무의 성장 모습**

❶ 죽순 상태. 마디와 마디 사이가 아직 좁다.

❷ 마디 각각의 성장대에서 세포가 왕성히 늘어나. 마디와 마디 사이가 넓어지며 성장한다.

❸ 어느 정도 성장하면 이윽고 외피(껍질)가 벗겨져 대나무가 된다. 그 후로도 절간성장에 의해 계속 성장한다.

여러 대나무종

일본의 대나무종에는 '대나무'와 '조릿대'가 있습니다. 대나무는 껍질이 곧 벗겨지는 것에 반해, 조릿대는 껍질이 계속 붙은 채라는 것에서 구분됩니다.

근세
간토에서 가장 일반적으로 보이는 조릿대로서, 방치된 잡목림 속에서 덤불을 만든다.

얼룩조릿대
정원 등에 자주 심어져 있다.

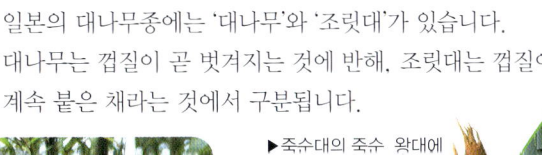

왕대
마디에 고리가 두 개이다. 죽순은 6월경에 난다.

▶죽순대의 죽순 왕대에 비해 매우 굵다.

▲왕대의 죽순. 홀쭉하다.

죽순대
마디에 고리가 하나 있다. 봄에 나는 죽순은 먹을 수 있다.

구분법

마디의 고리가 두 개 | 마디의 고리가 한 개

▲왕대　▲죽순대

잡목림의 화초 여름

잡목림의 식물 여름

주홍서나물
삼림의 벌채지나 산불 흔적에 돌연 자라나 식생의 회복과 함께 사라집니다. ■국화과
- ■한해살이풀 ■30~70cm ❋8~10월
- ■아프리카 원산 ■숲 가장자리, 벌채지
- ■줄기·잎(나물)

두화 낱꽃의 모임. 아래 방향으로 핀다.

▲아래쪽 잎(왼쪽)은 갈라져 있지만 위쪽 잎(오른쪽)은 갈라져 있지 않다.

암술이 성숙할 무렵, 수술은 시들어 있다.

꽃에 호박벌이 온다.

초롱꽃 식
하얀색 또는 분홍색의 커다란 범종 모양 꽃을 아래 방향으로 피웁니다. ■초롱꽃과
- ■여러해살이풀 ■30~80cm
- ❋5~7월 ■한국, 일본, 중국
- ■숲 가장자리, 산지
- ■새싹(나물, 무침)

줄기를 자르면 하얀 유액이 나온다.

참반디
열매에 갈고리 모양 가시가 많아, 옷에 들러붙습니다. ■미나리과
- ■여러해살이풀 ■30~80cm
- ❋6~8월 ■한국 원산
- ■숲속, 산지

줄기 끝에 작은 꽃이 잔뜩 핀다.

꽃

열매

더덕 식
뿌리가 두껍고 인삼과 닮은 형태를 지녔습니다. ■초롱꽃과
- ■덩굴성 여러해살이풀 ❋7~9월
- ■한국 원산 ■숲 가장자리, 산지
- ■새싹(무침, 튀김)

파드득나물 식
미나리종이 공통으로 지니는 좋은 향이 있으며, 채소로도 재배됩니다. ■미나리과 ■여러해살이풀
- ■30~80cm ❋6~7월 ■한국 원산 ■숲속, 숲 가장자리
- ■새싹·잎(국 건더기, 무침)

■과명 ■생활 양식 ■크기 ❋꽃이 피는 시기 ●열매가 맺히는 시기 ■분포 또는 원산지 ■발견되는 장소 ■먹는 방법 외외래종 식먹을 수 있는 식물 독독이 있는 식물

꽃이삭 끝이 아래로 처진다.

잎이 난 부분이 붉다.

파리풀 독

뿌리의 즙을 종이에 먹여서 파리를 죽이기 때문에 파리풀이라고 합니다. 풀 전체에 독이 있습니다.
- 파리풀과 여러해살이풀 30~70cm
- 7~8월 한국, 일본, 중국 숲속, 숲 가장자리

노루발

균류와 공생(→p.90)하며 영양분을 공급받습니다. 잎은 두께가 있고 짙은 녹색입니다. 진달래과
- 여러해살이풀
- 15~30cm 6~7월
- 한국, 일본, 중국
- 숲속, 산지

돌외 식

암수딴그루. 생잎을 씹으면 희미한 단맛이 느껴집니다. 박과
- 덩굴성 여러해살이풀
- 7~9월 한국 원산
- 숲속, 숲 가장자리, 산지 줄기·잎(차)

잎은 뿌리에 여러 장 난다.

큰까치수염

하얀 꽃이삭에 곤충이 많이 옵니다. 앵초과
- 여러해살이풀 60~100cm 6~7월
- 한국, 일본, 중국 풀밭, 산지

쥐참외 식

암수딴그루. 하얀 꽃을 피우며, 종자는 매듭 같은 형태를 띱니다.
- 박과 덩굴성 여러해살이풀
- 7~9월 한국, 중국
- 숲 가장자리, 담장 새잎(튀김, 볶음), 어린 열매(절임)

🌿 밤에 꽃이 피는 쥐참외

쥐참외 꽃은 박각시라는 나방종이 꽃가루를 옮깁니다. 박각시는 밤에 활동하기 때문에 쥐참외 꽃도 밤에만 핍니다. 꽃은 하얀 꽃잎 주위에 가는 실 같은 것이 퍼져 있어 어두운 밤에도 눈에 잘 띕니다.

쥐참외 꽃의 꿀을 빠는 박각시.

뱀무
꽃받침은 5개로 갈라지며 털이 빽빽이 나고, 꽃이 핀 뒤 젖혀집니다. ■장미과 ■여러해살이풀 ■50~80cm
❋6~8월 ■한국, 일본, 중국
■숲속, 산지

고추나물
약초로 알려져, 잎에서 짠 액체를 상처에 바르거나 졸인 것을 먹어 진통제로 씁니다. 잎과 꽃잎, 꽃받침에 검은 점이 많아 눈에 띕니다. ■물레나물과 ■여러해살이풀
■20~60cm ❋7~8월 ■한국, 일본
■숲 가장자리, 풀밭

잎을 비쳐 보면 검은 점이 보인다.

바위취 식
전체에 붉은빛을 띤 갈색 털이 길고 빽빽이 납니다. ■범의귀과 ■여러해살이풀
■20~50cm ❋5~6월 ■한국, 일본, 중국
■산지, 암벽
■잎(튀김, 무침)

잎에 거친 털이 나 있다.

대극 독
꽃을 감싸는 총포 안에 수꽃과 암꽃이 모여 있습니다. 풀 전체에 독이 있습니다. ■대극과
■여러해살이풀 ■30~80cm ❋6~8월
■한국, 일본, 중국 ■산지, 숲 가장자리

기는줄기
옆으로 기는 줄기.

칼디오크리넘 식
꽃은 옆으로 피며 많이 개화하지는 않습니다. 꽃이 피는 시기에 잎은 시들고 맙니다. ■백합과
■여러해살이풀 ■60~100cm
❋7~8월 ■아시아 원산 ■숲 가장자리, 숲속 ■비늘줄기(튀김, 조림)

나도생강
어둡고 습한 장소에서 자랍니다. 수꽃과 암꽃이 있습니다.
■닭의장풀과 ■여러해살이풀
■50~100cm ❋7~9월
■한국, 일본 ■숲속, 숲 가장자리

잎의 표면이 까칠까칠하다.

■과명 ■생활 양식 ■크기 ❋꽃이 피는 시기 ●열매가 맺히는 시기 ■분포 또는 원산지 ■발견되는 장소 ■먹는 방법 ●외래종 식먹을 수 있는 식물 독독이 있는 식물

소엽맥문동

잎이 용의 수염처럼 보입니다.
- ■ 비짜루과 ■ 여러해살이풀
- ■ 10~20cm ✿ 7~8월
- ■ 한국, 일본, 중국 ■ 숲속

밀나물 (식)

암수딴그루. 덩굴손으로 휘감으면서 뻗는 덩굴 식물입니다.
- ■ 청미래덩굴과 ■ 덩굴성 여러해살이풀 ✿ 7~8월
- ■ 한국, 일본, 중국
- ■ 숲 가장자리, 풀밭
- ■ 새싹(튀김, 국 건더기, 무침)

잎의 비대한 부분을 달여 기침약으로 사용한다.

▶ 어린순을 나물로 먹는다.

밀나물의 수포기.

▲ 종자는 늦가을에서 초겨울에 걸쳐 짙은 청색으로 익는다.

◀ 참마의 뿌리. 땅속에 길게 뻗는다.

큰비비추 (식)

산나물로서 인기가 많습니다.
- ■ 비짜루과
- ■ 여러해살이풀 ■ 60~100cm ✿ 7~8월
- ■ 중국 원산 ■ 숲속, 풀밭
- ■ 새싹(무침, 튀김, 국 건더기)

잎이 두 장 난다.

주아
땅에 떨어지면 새싹이 난다.

암꽃

주아가 생기지 않는다.

도꼬로마 (독)

암수딴그루. 참마와 닮았지만 잎은 하트 모양이며 뿌리에 독이 있습니다.
- ■ 마과 ■ 덩굴성 여러해살이풀
- ✿ 7~8월 ■ 한국, 일본
- ■ 숲 가장자리, 담장

참마 (식)

암수딴그루. 참마는 마에 비해 줄기, 잎자루, 잎맥은 녹색이며, 돌려나는 잎이 없습니다. ■ 마과 ■ 덩굴성 여러해살이풀 ✿ 7~8월 ■ 한국, 일본
■ 숲 가장자리, 담장 ■ 주아(무침, 비빔밥), 뿌리(참마즙)

이끼류 ~육상 식물의 개척자

습한 땅과 바위 위 등에서 자주 보이는 작은 녹색 식물이 이끼류(선태식물)입니다. 실은 가장 먼저 육상에 살기 시작한 식물이 이 이끼류입니다.

이끼류의 구조와 생애

이끼류는 전 세계에 약 2만종 이상이 있다고 알려져 있으며, 이끼류, 우산이끼류, 뿔이끼류 이렇게 세 그룹으로 나뉩니다. 이끼류는 종자가 아닌 포자로 증식하며, 몸에 뿌리와 관다발이 없습니다. 포자가 발아하면 '배우체'가 생깁니다. 우선 실 같은 원사체가 생기고, 그 위에 싹이 난 후 이윽고 본체의 줄기와 잎이 발달합니다. 보통 성별이 있으며 수포기에서 만들어진 정자가 암포기에서 만들어진 난자에 도달하면 수정해 '포자체'가 생깁니다. 포자체는 암포기의 끄트머리에 붙은 채 발달하며, '포자낭'에서는 포자가 만들어집니다.

▶포자낭으로부터 튀어나온 포자. 이끼류의 포자낭은 성숙하면 뚜껑 같은 갓이 벗겨지면서 앞에서부터 포자가 나온다.

포자체
포자를 만들기 위한 부분. 수포기의 정자와 암포기의 난자가 수정하면 암포기 끝에 있는 수정란이 성장해 포자체가 된다.

포자
성장해 이끼가 되는 작은 알. 바람에 날려 멀리 운반된다.

원사체
포자는 충분한 수분과 적당한 온도에서 발아해 원사체라고 불리는 실 같은 형태가 된다.

▼솔이끼종의 배우체. 끄트머리의 꽃 같은 형태로 보이는 것이 수포기다.

정자를 만드는 부분.

난자를 만드는 부분.

수포기 **암포기** **수포기**

배우체
원사체가 수포기와 암포기가 된다. 수포기에는 정자를 만드는 부분, 암포기에는 난자를 만드는 부분이 있어 비 오는 날 등 이끼가 물에 젖으면 정자가 물속을 헤엄쳐 난자에 도달하고 수정한다.

포자낭
포자를 만드는 부분.

갓
배우체. 포자체를 보호하고 있다.

암포기

잎
광합성을 해 당분을 만든다.

아기들솔이끼 (이끼류)
산에 가까운 둑이나 맨땅에 군생하며, 최근에는 다소 건조한 곳에서도 자란다.

줄기
배우체. 포자체를 지탱하는 부분.

헛뿌리
땅이나 바위 등에 들러붙어 몸을 지탱하기 위한 부분. 종자식물의 뿌리처럼 땅의 수분이나 영양분을 빨아올려 몸으로 운반하는 기능은 약하다.

▲아기들솔이끼 군락. 길게 뻗은 포자체 끝에 하얗게 보이는 부분이 갓을 쓴 포자낭이다.

일본인은 이끼를 좋아한다?

이끼는 축축한 곳에서 자랍니다. 바위 벽 등에 자라면 더럽게 보여 싫어하는 사람도 있지만, 융단처럼 빽빽이 자란 이끼는 아름답게도 보입니다. 일본에서는 정원 등의 일면에 이끼가 자란 모습을 즐기는 문화가 있어 '이끼절'이라고 불리는 이끼 명소가 각지에 있습니다.

▶'이끼절'로 알려진 교토 사이호지(西芳寺) 정원.

다양한 이끼류

대부분의 이끼는 습한 곳을 선호하며, 땅이나 바위 위 등에 퍼져 자랍니다.

우산이끼(우산이끼류)
야자 나무 같은 형태를 띠는 것이 암포기. 평평한 접시 같은 형태를 띠는 것이 수포기입니다. 성장 속도가 빠른 이끼.

은행이끼(우산이끼류)
연못 등의 수면에 떠 있는 이끼. 은행잎과 모양이 닮았으며, 반원 이상의 크기로 성장하면 둘로 나뉩니다.

타카키아(Takakia lepidozioides, 이끼류)
일본에서는 고산의 한정된 장소에만 자생하는 희귀한 이끼이며, 멸종 위기종으로 지정되어 있습니다. 좋은 향이 납니다.

발광이끼(이끼류)
원사체의 세포가 빛을 반사해 황록색으로 빛나는 이끼입니다. 일본에서는 국가 천연기념물로 지정되어 있는 자생지도 있습니다.

잡목림의 수목 여름

인동덩굴(금은화) 식
꽃 색이 하양에서 노란색으로 변화해 '금은화(金銀花)'라는 별명이 있습니다. ■인동과
■반상록 덩굴성 목본 ❀5~6월
🍎9~12월 ■한국, 일본, 중국
■숲 가장자리, 길가, 담장
■새싹(튀김, 무침)

싹

두릅나무 식
봄에 불룩해진 새싹인 '두릅나무 순'은 식용으로 이용됩니다.
■두릅나무과 ■낙엽저목
■2~5m ❀8~9월 🍎10~11월
■한국, 일본, 중국 ■숲 가장자리, 황무지 ■새싹(튀김, 무침)

별 모양을 한 꽃받침의 중심에 남빛 열매가 맺힌다.

싹

음나무 식
큰 나무는 목재로 사용됩니다. 줄기와 가지에 날카로운 가시가 있습니다. ■두릅나무과
■낙엽고목 ■10~25m ❀7~8월
🍎12~2월 ■한국 원산
■숲속, 산지 ■새싹(튀김, 무침)

누리장나무 식
냄새가 고약하여 구릿대나무라고도 합니다.
■꿀풀과 ■낙엽저목
■2~6m ❀7~9월
🍎10~12월
■한국, 일본, 중국
■숲속, 산지 ■새싹(튀김, 무침, 볶음)

꽃

마삭줄 독
덩굴에서 나온 뿌리로 들러붙어, 줄기와 벽을 기어오릅니다. 풀 전체에 독이 있습니다. ■협죽도과 ■상록 덩굴성 목본
❀5~6월 🍎11~12월 ■한국 원산
■숲속, 암벽

꽃에서 매우 좋은 향이 난다.

개다래 식

암수딴그루. 꽃이 필 때, 가지 끝의 잎이 하얗게 변합니다. 키위와 같은 과에 속합니다.
- 다래나무과 낙엽 덩굴성 목본
- 6~7월 10월 한국, 일본
- 숲 가장자리, 산지
- 열매(과실주)

고양이에게 개다래

고양이에게 개다래를 줘 본 적 있나요? 개다래 냄새를 맡으면 고양이가 매우 좋아하며 다가옵니다. 개다래 향에 포함된 '액티니딘'이라고 불리는 물질 등에 고양잇과 동물을 술에 취한 듯한 상태로 만드는 효과가 있습니다. 고양이뿐만 아니라 사자 등에게도 같은 효과를 나타냅니다.

▶ 개다래를 매우 좋아하는 고양이.

벌레혹(→p.107)
개다래혹파리라는 벌레가 꼬이면 열매가 혹 모양이 된다.

▶ 정상 열매는 이와 같은 모양이 된다.

층층나무의 새싹.

비쭈기나무

빗죽이나무라고도 합니다. 작은 가지는 녹색이고 털이 없습니다. 펜타필락스과
- 상록소고목 2~10m 6~7월
- 11~12월 한국 원산 산지

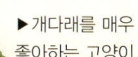

층층나무

어린 가지와 겨울눈은 붉은색을 띠고 있어 겨울에 눈에 아주 잘 띕니다.
- 층층나무과 낙엽고목 5~20m
- 5~6월 6~10월 한국, 일본, 중국
- 숲속, 산지, 물가, 공원

머귀나무

가지와 줄기에 가시가 있습니다. 나무를 채벌한 자리 등에서 가장 빨리 자랍니다. 운향과
- 낙엽고목 5~15m
- 7~8월 11~1월
- 한국, 일본, 중국 벌채지, 맨땅, 강가

줄기에 있는 날카로운 가시.

147

잡목림의 식물 여름

옻나무 외 독

암수딴그루. 나무껍질에 상처를 냈을 때 나오는 수액이 옻의 원료가 됩니다. 풀 전체에 독이 있으며, 수액에 닿으면 피부염을 일으킵니다. ■옻나무과
■낙엽소고목 ■3~10m ❀5~6월
🍎8~9월 ■중국 원산 ■경사지

▲가을이 되면 새빨간 단풍이 든다.

덩굴옻나무 독

나무와 벽에 들러붙어 기어오릅니다. 가을에는 단풍이 듭니다. 옻나무와 마찬가지로 수액에 피부염이 일어납니다. ■옻나무과 ■낙엽 덩굴성 목본
❀5~6월 🍎8~9월 ■일본 원산 ■숲속, 산지

날개
판 모양 돌기.

붉나무 독

잎에 생기는 벌레혹(→p.107)에 포함된 타닌은 염료 등에 쓰입니다. 풀 전체에 독이 있습니다. ■옻나무과
■낙엽소고목 ■2~10m
❀8~9월 🍎10~11월
■한국 원산 ■숲 가장자리

▲가을에 단풍이 든 붉나무 잎.

밤나무 식

가을에 겉껍데기에 싸인 열매가 맺힙니다. 꽃에서 불쾌한 냄새를 풍겨 곤충을 불러들입니다.
■참나무과 ■낙엽고목 ■3~15m ❀6월
🍎9~10월 ■중국 원산 ■숲속, 산지, 재배
■열매(비빔밥, 조림)

산뽕나무 식
암수딴그루. 야생 뽕나무로 잎의 모양은 둥근 것과 가늘게 째진 것 등 다양합니다. ■뽕나무과 ■낙엽저목
■3~5m ❀4~5월 🍎6~7월
■한국, 일본, 중국 ■숲속, 길가, 산지 ■열매(생식, 잼), 새싹(나물)

청사조
열매는 일 년에 걸쳐 익으며, 꽃과 열매가 동시에 보이는 경우도 있습니다. ■갈매나무과
■낙엽 덩굴성 저목 ❀7~8월
🍎8~7월 ■한국, 일본
■숲속, 산지

국수나무
열매가 익으면 주변의 껍질이 터지면서 종자를 튀어 내보냅니다.
■장미과 ■낙엽저목 ■1~2m
❀5~6월 🍎9~10월
■한국, 일본, 중국 ■바다와 가까운 숲속, 산지, 숲 가장자리

빈도리(→p.106)와 닮은 하얀 꽃을 피운다.

천선과나무 식
암수딴그루. 따뜻한 지방에 많으며 가을에 검고 작은 무화과와 같은 열매가 맺힙니다. ■뽕나무과 ■낙엽서목
■1~5m ❀4~5월 🍎10~11월 ■한국 원산
■바다와 가까운 숲속, 산지 ■화낭(생식)

🌿 천선과나무와 벌의 공생

천선과나무의 꽃은 '화낭'이라고 불리는 열매 같은 형태를 띤 주머니 내부에 핍니다. 천선과나무는 수꽃과 암꽃이 따로 있는 관계로 가만히 있어선 수분이 이루어지지 않습니다. 이를 도와주는 것이 천선과좀벌이라는 벌입니다. 천선과좀벌은 수꽃의 화낭 안에 숨어들어 산란합니다. 부화한 유충은 화낭 안에서 성충이 되며, 몸에 꽃가루를 묻힌 채 밖으로 나옵니다. 그리고 암꽃의 화낭에 숨어들어 안에서 돌아다니면 벌의 몸에 묻은 꽃가루가 암술에 닿아 천선과나무가 수분할 수 있게 됩니다. 벌은 수꽃의 화낭에 숨어들었을 때만 산란합니다. 한편, 벌은 화낭이라는 안전하고 먹이 많은 거처를 확보할 수 있습니다. 이렇듯 떨어질 수 없는 이익이 오가는 관계를 '절대 공생'이라고 합니다.

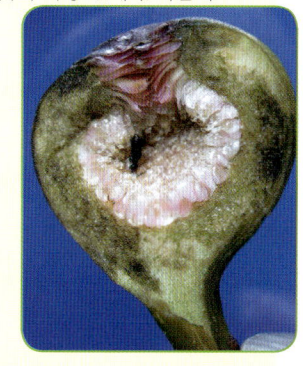

▲천선과나무의 화낭 안에 들어간 천선과좀벌.

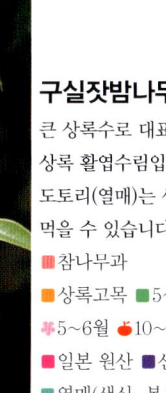

구실잣밤나무 식
큰 상록수로 대표적인 상록 활엽수림입니다. 도토리(열매)는 생으로 먹을 수 있습니다.
■참나무과
■상록고목 ■5~20m
❀5~6월 🍎10~11월
■일본 원산 ■산지
■열매(생식, 볶음)

잡목림의 식물 여름

▼열매가 겨울에 빨갛게 익는다.

겨울딸기 식
잎은 둥글며 가지에 털과 작은 가시가 있습니다. 땅을 기어 뻗습니다.
- 장미과 ■ 상록 덩굴성 목본 ❀9~10월 🍎11~1월
- 한국, 일본, 중국 ■숲속, 산지 ■열매(생식, 잼, 주스)

수꽃

열매

예덕나무
암수딴그루. 새싹은 붉으며 눈에 띕니다. ■대극과
- ■낙엽고목 ■5~15m ❀6~7월 🍎9~10월
- ■한국 원산 ■숲 가장자리, 벌채지, 강가

크기 Check

자귀나무
어두워지면 잎이 닫힙니다. 반대로 꽃은 저녁 이후에 피기 시작합니다.
- ■콩과 ■낙엽소고목 ■3~10m
- ❀6~7월 🍎10~12월 ■한국, 일본, 이란 ■숲 가장자리, 강가

눈에 띄는 분홍색 부분은 수술이다.

잎을 닫은 자귀나무.

사철나무
바다 부근에 많은 상록수로, 산울타리로 자주 재배됩니다. ■노박덩굴과 ■상록저목
- ■2~5m ❀6~7월 🍎11~1월 ■한국 원산
- ■바다와 가까운 숲속

크기 Check

크기 Check

말오줌때
황록색의 작은 꽃을 가득 피웁니다. 열매가 익으면 붉은 껍질이 갈라지고 검은 종자가 얼굴을 내밉니다. ■고추나무과 ■낙엽저목
- ■3~5m ❀5~6월 🍎9~11월 ■한국 원산
- ■숲 가장자리

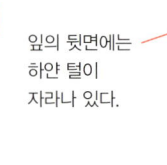

잎의 뒷면에는 하얀 털이 자라나 있다.

포도 같은 열매는 익으면 검게 변한다.

암꽃

까마귀머루 식
암수딴그루. 용수철처럼 감기는 덩굴로 나무를 기어오릅니다. ■포도과 ■낙엽 덩굴성 목본
- ❀6~8월 🍎10~11월 ■한국 원산 ■숲 가장자리
- ■열매(생식, 잼)

■과명 ■생활 양식 ■크기 ❀꽃이 피는 시기 🍎열매가 맺히는 시기 ■분포 또는 원산지 ■발견되는 장소 ■먹는 방법 외외래종 식먹을 수 있는 식물 독독이 있는 식물

산수국

분수국보다 꽃과 잎이 작습니다. 잎의 끝은 뾰족하고 예리합니다.

- 수국과 낙엽저목
- 1~2m 6~7월
- 10~11월 한국, 일본
- 골짜기 주변

분수국 [독]

수국(→p.69)의 원종입니다. 장식화가 꽃차례의 바깥쪽을 둘러쌉니다. 풀 전체에 독이 있습니다.
- 수국과
- 반상록저목 1~3m
- 6~7월 11~12월
- 남북 아메리카와 아시아 원산 바다와 가까운 숲속, 재배

꽃차례 꽃의 모임.

크기 Check

담쟁이덩굴

벽 등에 빨판으로 들러붙어 기어오르는 덩굴 식물입니다. 겨울에는 낙엽이 떨어집니다.
- 포도과 낙엽 덩굴성 목본 6~7월 10~11월
- 한국 원산 숲속, 숲 가장자리, 담장

열매

후박나무

바다 근처의 숲을 구성하는 대표적인 나무 중 하나입니다.
- 녹나무과 상록고목 5~20m 4~5월 7~8월
- 한국 원산 바다와 가까운 숲속

열매

크기 Check

잎은 나무의 가지 끝에 모여 난다.

멀꿀 [식]

한 그루에 수꽃과 암꽃이 있는 암수한그루입니다.
- 으름덩굴과 상록 덩굴성 목본 4~5월
- 10~11월 한국 원산 숲 가장자리
- 열매(생식)

꽃

▲열매는 익어도 갈라지지 않는다.

🍃 식물의 가문(한 집안의 문장)

일본에서는 예로부터 집안 등을 나타내는 문양으로 가문이라는 표식이 사용되어 왔습니다. 가문에는 여러 종류가 있으며, 식물을 모티브로 하는 것도 많이 있습니다. 사용된 식물 종류만 해도 50종 이상이 있다고 알려져 있습니다.

▲미츠바아오이(三葉葵)

▲고산노키리(五三桐)

▲우메바치(梅鉢)

▲사가리후지(下り藤)

잡목림의 화초 가을·겨울

좀딱취
포기 뿌리에 마치 거북 등딱지를 연상시키는 모양의 잎이 납니다.
- 국화과 ■ 여러해살이풀
- 5~30cm ❀ 9~10월
- 한국, 일본
- 산지

잎

열매

긴담배풀
머리를 숙인 채 피는 두화가 마치 담뱃대의 담배통에 붙은 머리 부분처럼 보입니다.
- 국화과 ■ 여러해살이풀 ■ 30~100cm
- ❀ 8~11월 ■ 한국, 일본, 중국 ■ 산지

가지 끝에 노란색 두화(낱꽃의 모임)를 하나 피운다.

열매

담배풀
긴담배풀과 닮았지만 두화가 가득 핍니다.
- 국화과 ■ 여러해살이풀
- 50~100cm ❀ 9~10월 ■ 한국 원산
- 숲 가장자리

구분법

꽃

▲긴담배풀 하나가 핀다.   ▲담배풀 가득 핀다.

꽃은 줄기에 고리처럼 핀다.

둥근배암차즈기
꽃이 진 후에 원줄기는 길게 누워 새싹을 냅니다.
- 꿀풀과 ■ 여러해살이풀 ■ 30~70cm ❀ 8~11월
- 한국 원산 ■ 숲속, 숲 가장자리

참배암차즈기 식
잎은 삽 같은 모양을 띱니다. 화단에 심는 샐비어(→p.78)의 동속입니다.
- 꿀풀과
- 여러해살이풀 ■ 20~50cm
- ❀ 9~10월 ■ 한국, 일본 ■ 산지
- 새싹(무침, 국 건더기)

▲산지의 그늘진 곳에 자주 보인다.

꽃은 옆 방향으로 핀다.

실제 크기

산박하
잎이 마름모 모양을 띱니다. 박하(→p.115) 같은 냄새는 나지 않습니다. ■꿀풀과 ■여러해살이풀 ■40~100cm ❋9~11월 ■한국, 일본, 중국 ■숲 가장자리

▲줄기가 비스듬히 뻗는 경우가 많다.

알꽈리 독
꽈리(→p.63)와는 달리 꽃받침이 커지지 않기 때문에 열매가 노출돼 있습니다. ■가지과 ■여러해살이풀 ■40~90cm ❋8~10월 ■한국, 일본, 타이완 ■숲 가장자리

풀 전체에 독이 있다.

◀맛있어 보이는 색을 띠지만, 열매에 특히 독이 많다.

풀 전체에 독이 있다.

잎자루(잎과 줄기를 잇는 자루)로 엉겨 붙는다.

배풍등 독
줄기는 3m 길이 정도 자라며, 밑부분만 겨울을 납니다. ■가지과 ■덩굴성 여러해살이풀 ❋8~10월 ■한국 원산 ■숲 가장자리, 담장

새콩
땅 위의 꽃과 열매와는 별개로 땅속에서도 개화해 열매를 맺습니다. ■콩과 ■덩굴성 한해살이풀 ❋9~10월 ■한국, 일본, 중국 ■숲 가장자리

비진도콩
열매는 익으면 갈라지지만, 종자는 콩깍지의 가장자리에 들러붙은 채입니다.
■콩과 ■덩굴성 여러해살이풀 ❋8~9월
■한국, 일본 ■숲 가장자리

여름이 되면 잎에 '팔자' 모양이 새겨진다.

▲암술 끝이 갈고리처럼 휘어 있다.

장대여뀌
개여뀌(→p.57)와 닮았지만 잎 끝이 갑자기 가늘어지며 꽃도 드문드문 핍니다.
■마디풀과 ■한해살이풀
■30~60cm ❋8~10월
■한국 원산 ■숲속, 숲 가장자리

등성등성 핀다. / 밀집되어 있다.
▲장대여뀌　▲개여뀌

이삭여뀌
열매에 두 쌍의 가시(암술)가 있으며, 달라붙기 대왕(→p.74)이 됩니다. ■마디풀과
■여러해살이풀 ■40~80cm ❋8~10월
■한국, 일본, 중국 ■숲속, 숲 가장자리

꽃이 피는 여름에는 잎이 시든다.

꽃줄기

꽃

수술

▲백양꽃의 수술 길이는 꽃잎과 비슷하다.

풀 전체, 특히 비늘줄기에 독이 있다.

▲비슷하게 생긴 큰백양꽃은 수술이 꽃잎보다 길다.

비늘줄기

백양꽃 독
초봄에 잎이 나지만 여름에 시듭니다.
백중날 즈음 꽃줄기가 뻗어 꽃을 피웁니다.
- 수선화과 여러해살이풀 30~40cm 8~9월
- 한국 원산 숲 가장자리

한라돌쩌귀 독
투구꽃속은 약 70종이 있으며, 지역에 따라 분포하는 종이 다릅니다. 풀 전체에 독이 있습니다.
- 미나리아재비과
- 여러해살이풀
- 60~200cm 9~11월
- 한국, 일본, 중국 산지

🍃 한라돌쩌귀와 호박벌

한라돌쩌귀의 꽃잎처럼 보이는 것은 전부 '꽃받침'입니다. 다섯 장의 꽃받침이 겹쳐져 투구 같은 모양을 띱니다. 진짜 꽃잎은 투구 안에 숨겨져 있으며, 안쪽에 꿀샘에서 분비된 꿀이 있습니다.
호박벌은 투구 안으로 몸을 집어넣어 꿀샘에 입을 넣어 꿀을 빨 수 있습니다. 꿀샘의 가느다란 관에 입을 집어넣을 수 있는 건 호박벌뿐이며, 다른 곤충은 안의 꿀을 빨 수 없습니다.

한라돌쩌귀를 찾아온 호박벌.

겨울이 되어 종자를 떨어뜨린 뻐꾹나리의 열매.

뻐꾹나리 식
절벽에서 자라면 줄기가 축 처지며, 잎겨드랑이에 꽃이 하나씩 핍니다.
- 백합과 여러해살이풀 40~80cm 9~10월 한국 원산
- 산지 새싹(나물, 무침)

족도리풀 독

포기 뿌리에 수수한 꽃을 피웁니다. 버섯파리가 꽃가루를 운반합니다. 풀 전체에 독이 있습니다.

- 쥐방울덩굴과
- 여러해살이풀
- 10~15cm ✽10~2월
- 일본, 중국
- 숲속, 산지

맥문동

약 5mm의 구형 종자가 이삭처럼 나 눈에 띕니다.
- 비짜루과 ■여러해살이풀 ■30~60cm ✽8~10월
- 10~12월 ■한국, 일본, 중국 ■숲속, 숲 가장자리, 정원

🌿 **개미가 퍼트리는 족도리풀**

족도리풀의 종자는 개미가 즐겨 먹는 물질이 포함되어 있어(→p.130) 개미가 둥지로 운반하지만, 개미는 주변부만 먹고 종자는 버립니다. 이런 식으로 개미의 힘을 빌려 족도리풀이 자생지를 넓힙니다. 단지 개미에 의해 운반되는 범위가 매우 좁고, 싹이 난 후 종자를 맺기까지 약 10년이나 걸리기 때문에 족도리풀이 자생지를 넓히는 속도는 대다수의 식물에 비해 매우 느립니다.

잡목림의 수목 가을·겨울

크기 Check

가막살나무 식

붉은 열매는 신맛이 강하지만 들새가 먹습니다.
- 연복초과 ■낙엽저목 ■1~5m ✽5~6월
- 9~11월 ■한국, 일본, 중국 ■숲속, 숲 가장자리 ■열매(생식, 열매주)

▲열매가 익으면 붉어진다.

송악

덩굴에서 나오는 대량의 부착뿌리로 몸을 지탱하며, 벽과 줄기를 기어오릅니다. ■두릅나무과 ■상록 덩굴성 목본 ✽10~12월
- 5~6월 ■한국 원산 ■숲속, 숲 가장자리

열매는 봄에 익는다.

단풍나무
가을에 단풍이 드는 대표적인 수목입니다. 단풍나무속 중 가장 일반적으로 볼 수 있습니다. ■무환자나무과 ■낙엽고목 ■3~15m ❀4~5월 🍎7~9월 ■한국, 일본 ■산지, 늪지

▲꽃은 봄에 새싹이 나는 것과 더불어 핀다.

크기 Check

꽃

잎 가장자리에 톱니(작고 삐죽삐죽함)가 있다.

열매에 날개가 있으며, 바람에 날린다.

잎은 일본서어나무보다 폭이 넓다.

꽃

▼새 가지에 작은 털이 잔뜩 나 있다.

크기 Check

꽃턱잎
열매이삭

구분법
꽃턱잎 — 한쪽에만 톱니가 있다. / 양쪽에 톱니가 있다.
열매
▲개서어나무 ▲일본서어나무

개서어나무
열매이삭은 드문드문합니다. 열매는 꽃턱잎(꽃을 감싸는 잎)의 밑에 하나씩 맺힙니다. ■자작나무과 ■낙엽고목 ■5~15m ❀3~4월 🍎10~12월 ■한국 원산 ■숲속, 산지

붉가시나무
잎은 보통 톱니가 없고 매끈매끈합니다. 붉은빛이 강한 목재를 얻을 수 있습니다. ■참나무과 ■상록고목 ■5~20m ❀5~6월 🍎10~12월 ■한국 원산 ■산지

열매

잎은 개서어나무보다 폭이 좁다.

굴참나무
상수리나무(→p.162)를 닮았지만, 잎 뒷면에 털이 잔뜩 나 있습니다. ■참나무과 ■낙엽고목 ■3~15m ❀4~5월 🍎10~12월 ■한국, 일본, 중국 ■숲속, 숲 가장자리

열매

크기 Check

꽃턱잎

일본서어나무
열매는 꽃턱잎의 밑에 하나씩 맺히며, 바람이 불면 돌며 떨어집니다. ■자작나무과 ■낙엽고목 ■5~15m ❀4월 🍎10~11월 ■일본 ■산지

톱니

◀가장자리의 톱니가 가시처럼 뻗어 있다.

열매이삭

떡갈나무

잎은 참나무과 중 가장 크며 찰떡을 싸는 데 이용됩니다. ■참나무과 ■낙엽고목
■3~15m ❀5~6월 🍎10~12월
■동아시아 ■숲속

▲잎은 가장자리가 크게 물결친다.

도토리란 무엇일까?

도토리는 참나무과의 졸참나무와 떡갈나무 등의 열매입니다.

가을에 땅에 떨어진 도토리는 숲에 사는 동물들의 귀중한 식량이 됩니다. 이를테면 다람쥐는 주운 도토리를 땅에 묻어 식량으로 저장합니다. 이때 저장된 도토리 중에는 다람쥐에게 먹히지 않은 채 그대로 발아하는 것도 있습니다.

도토리를 먹는 일본 다람쥐.

종가시나무

가시나무와 닮았지만, 잎은 타원형이며 잎 뒷면에 털이 있습니다. ■참나무과 ■상록고목
■5~20m ❀4~5월 🍎10~12월 ■한국, 일본, 중국
■숲속

구분법
잎 — 타원형이며 톱니가 거칠다. / 가늘고 길며 톱니가 거칠지 않다.
▲종가시나무   ▲가시나무

상수리나무

잡목림의 대표 종으로서 대목의 줄기에서 나오는 수액에 장수풍뎅이가 몰립니다. ■참나무과
■낙엽고목 ■5~15m
❀4~5월 🍎10~12월
■한국, 일본, 중국
■숲속, 숲 가장자리

열매는 다음 해 가을에 익는다.

톱니 끝이 가시처럼 길게 뻗는다.

가시나무

도토리의 깍정이는 줄무늬가 있고, 잎은 종가시나무보다 가늘고 긴 모양을 띱니다.
■ 참나무과 ■ 상록고목 ■ 5~20m ✿ 5월
🍎 10~12월 ■ 한국, 일본, 중국 ■ 산지

깍정이(술잔 모양의 받침)

톱니가 거칠지 않다.

잎 끝 가장자리에 거칠지 않은 톱니가 있다.

잎맥이 하얗고 눈에 띈다.

잎 뒷면에 털이 나 있다.

졸참나무

도토리의 깍정이는 비늘 모양입니다. 잡목림의 대표 종으로 예전에는 장작 등으로 이용되었습니다.
■ 참나무과 ■ 낙엽고목
■ 5~20m ✿ 4~5월 🍎 10~12월
■ 한국, 일본, 중국 ■ 숲속, 숲 가장자리

팽나무 식

팽나무는 단단하고 잘 쪼개지지 않으므로 옛날에는 건축재나 가구재로 쓰였습니다. ■ 삼과 ■ 낙엽고목
■ 5~20m ✿ 4~5월 🍎 9월 ■ 한국, 일본, 중국
■ 숲속, 길가, 산지 ■ 열매(생식)

푸조나무 식

가을에 검푸르게 익은 열매를 먹을 수 있으며, 곶감 같은 맛이 납니다. ■ 삼과 ■ 낙엽고목
■ 5~20m ✿ 4~5월 🍎 10~11월 ■ 한국, 일본, 중국 ■ 길가, 산지 ■ 열매(생식)

잡목림의 식물 가을·겨울

참빗살나무 독
열매가 보통 네 개로 나뉘며, 안에서 네 개의 종자가 얼굴을 내밉니다. ■노박덩굴과 ■낙엽소고목 ■2~7m
❀5~6월 🍎10~11월 ■한국, 일본, 중국 ■숲 가장자리

- 잎은 쌍으로 난다.
- 꽃잎은 네 장.
- 포기 전체, 특히 종자에 독이 있다.
- 작은 톱니가 있다.

참회나무 독
잎이 달린 부분에서 나온 긴 자루 끝에 꽃이 핍니다. 열매는 다섯 개로 갈라집니다. 그루 전체, 특히 종자에 독이 있습니다. ■노박덩굴과
■낙엽저목 ■1~4m ❀5~6월
🍎9~10월 ■한국, 일본, 중국 ■산지

겨우살이
팽나무(→p.163) 등의 낙엽수에 기생합니다. 둥근 열매가 맺힙니다. ■단향과
■상록소저목 ■50~80cm
❀2~3월 🍎10~12월
■한국, 일본, 중국 ■산지

이나무
암수딴그루. 다수의 붉은 열매가 포도송이처럼 맺힙니다.
■버드나무과 ■낙엽고목
■10~15m ❀4~5월 🍎10~11월
■한국, 일본, 중국 ■산지

열매는 모여 맺힌다(암그루).

🌿 새를 이용해 기생하는 겨우살이

새에게 열매와 함께 먹히는 겨우살이의 종자는 새의 대변에 섞여 나옵니다. 종자는 나무 등에 들러붙기 쉽도록 점성 있는 물질에 둘러싸여 있어 대변과 함께 종자가 나무 위에 떨어지면 그곳에서 싹을 틔웁니다. 그리고 나무 내부에 뿌리를 내려 기생하면서 수분과 영양분을 흡수하면서 성장합니다.

▲나무 위에 떨어진 새똥 속 겨우살이의 종자.

으름덩굴 식

작은 잎은 다섯 장이며 톱니(잎 가장자리의 삐죽삐죽함)가 없습니다. 덩굴은 공예품으로, 열매는 식용으로 이용됩니다. ■으름덩굴과
- 낙엽 덩굴성 목본 4~5월 9~10월 ■한국, 일본, 중국
- 숲속, 숲 가장자리, 산지 새싹(무침), 열매(생식, 볶음)

삼엽으름덩굴 식

으름덩굴과 닮았지만 작은 잎이 세 장이며 가장자리에 물결 모양 톱니가 있습니다. ■으름덩굴과 ■낙엽 덩굴성 목본 4~5월 9~10월 ■한국, 일본, 중국 ■숲속, 숲 가장자리, 산지 새싹(무침), 열매(생식, 볶음)

참식나무

암수딴그루. 열매는 일 년에 걸쳐 익기 때문에 꽃과 열매를 동시에 관찰할 수 있습니다.
- ■녹나무과 ■상록고목
- 3~15m 10~11월
- 10~11월 ■한국, 일본, 중국
- ■숲속, 해안

잎은 두껍고 윤기가 있다.

종려나무

새가 종자를 옮기기 때문에 야생화되어 있습니다. 국내에서는 제주에서 관상용으로 심고 있습니다.
- ■종려과 ■상록고목
- 5~10m 5~6월
- 10~11월 ■한국, 일본, 중국 ■숲속, 숲 가장자리

크기 Check

남오미자

암수딴그루. 예전에는 덩굴에서 얻은 액체를 머리를 손질하는 데 이용했습니다. ■오미자과
- ■상록 덩굴성 목본 8~9월 9~12월
- ■한국, 일본, 타이완 ■숲 가장자리

식물의 월동 준비

식물 박사가 되자!

식물은 겨울이 되면 겨울을 보내기 위해 월동 준비를 합니다. 잎을 떨어뜨리고, 광합성을 멈춰 겨울에 대비하고, 겨울눈을 만들거나 낙엽을 떨어뜨리는 등 다양한 월동 준비를 합니다.

단풍의 구조

식물 중에는 낙엽을 떨어뜨리기 전 가을에 잎이 빨강이나 노랑으로 물드는 경우가 있습니다. 어째서 색이 변하는 걸까요?

광합성을 하는 잎의 엽록체에는 '클로로필'이라는 녹색 색소와 '카르티노이드'라는 노란색 색소가 포함돼 있습니다. 가을이 되어 일조 시간이 짧아지면, 클로로필이 분해되어 녹색이 옅어집니다. 그러면 은행나무 등은 카르티노이드가 눈에 띄게 되어 색이 노란색으로 변화합니다(노란 잎). 한편, 단풍나무 등은 가을이 되면 잎이 달린 부분에 '떨켜'라는 세포층이 생겨 잎 속에 광합성으로 생긴 당분이 축적됩니다. 그 당분을 재료로 삼아 '안토시아닌'이라는 색소가 만들어지며, 잎이 붉게 변화합니다(붉은 잎).

이처럼 노란 잎·붉은 잎이 되는 구조는 밝혀지고 있지만, 그 의미에 관해서는 자세히 밝혀지지 않았습니다.

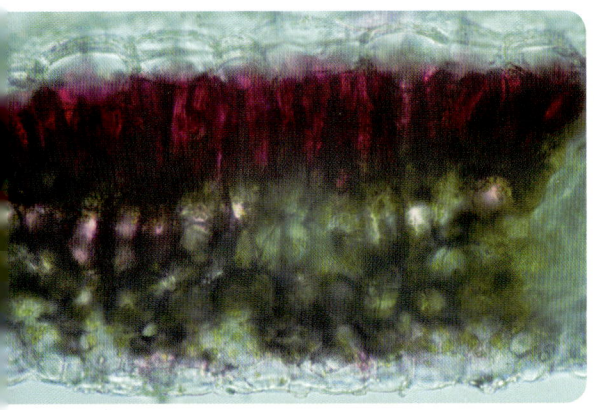
▲단풍나무의 잎 단면. 잎 속의 세포가 안토시아닌을 포함해 붉게 보인다.

노란 잎·붉은 잎의 진행 양상

은행나무는 안토시아닌을 합성하지 않기 때문에 노란색으로 보이지만, 단풍나무 등은 클로로필의 분해와 안토시아닌의 합성이 동시에 일어나 붉게 보입니다.

⦿ 노란 잎(은행나무 등)

카르티노이드
클로로필
클로로필의 작용으로 녹색으로 보인다.
클로로필이 분해되어 카르티노이드의 노란색이 눈에 띄기 시작한다.
거의 카르티노이드만 남게 되어, 노랗게 보이게 된다.

⦿ 붉은 잎(단풍나무 등)

클로로필의 작용으로 녹색으로 보인다.
안토시아닌
안토시아닌이 늘어 클로로필과 색이 섞이며 붉고 검게 보인다.
클로로필이 분해되어 붉게 보이게 된다.

겨울을 보내는 수목

나무는 겨울이 오기 전 잎이 달린 부분에 다음 해에 성장할 싹을 틔웁니다. 이것을 '겨울눈(동아)'라고 합니다. 겨울은 추워 광합성을 왕성히 할 수 없기 때문에 식물은 미리 여름에서 가을 동안 내년 봄에 성장할 잎과 꽃의 근본을 만들어 놓습니다. 봄이 되어 따뜻해지면 그것들이 성장하기 시작합니다. 겨울눈은 식물에 따라 크기와 색, 모양 등에 특징이 있어, 식물 종을 구분하는 실마리가 되기도 합니다. 또, 식물 중에는 가을이 되면 잎이 떨어지는 낙엽수가 있습니다. 추운 겨울 동안 낙엽수는 잎을 떨어뜨리며, 광합성을 멈추고 동면에 듭니다. 잎이 떨어진 흔적을 '잎자국(엽흔)'이라 합니다.

겨울눈의 내부

내부에 꽃의 근본이 되는 부분이 가득 차 있다.

◀산수유의 겨울눈(꽃눈). 전년도 여름에 이미 만들어져 있다.

겨울눈에서 꽃으로

겨울눈에서 나온 갯버들(→p.174)의 꽃차례가 은색 털로 덮여 있다.

잎자국이 보이는 얼굴

잎자국을 보면 수분이나 양분이 지나다니는 길이 모여 생긴 관다발을 관찰할 수 있습니다. 잎자국의 윤곽이나 관다발이 배열된 방식에서 나무를 구분할 수 있는 단서를 얻을 수 있습니다.

다양한 잎자국

▶아까시나무(→p.93)의 잎자국. 박쥐의 얼굴처럼 보인다.

▶가막살나무(→p.159)의 잎자국. 올빼미의 얼굴처럼 보인다.

▼왕가래나무(→p.93)의 잎자국. 관다발 흔적이 부풀어 원숭이의 얼굴처럼 보인다.

풀도 월동 준비

땅에서 방사형으로 난 잎을 '로제트'라고 합니다. 민들레처럼 일 년 내내 로제트 상태로 사는 풀이 있는 반면, 큰망초처럼 겨울은 로제트로 보내고 봄에서 가을은 키가 커지면서 꽃을 피우는 풀도 있습니다. 로제트 상태는 바람을 피하는 것과 더불어 수분의 과잉 손실을 막고 땅에 가까운 따뜻한 공기를 이용할 수 있다고 여겨집니다.

다양한 로제트

큰망초(→p.50)의 로제트.

큰달맞이꽃(→p.55)의 로제트.

과일 ~사람에게 도움이 되는 식물 ③

수목 중에는 동물이 종자를 운반하게끔 동물에게 있어 맛있고 영양도 풍부한 열매를 맺는 것이 많이 있습니다. 이와 같은 열매와 종자에 품종 개량을 거쳐 과일이 탄생하게 되었습니다.

반복되는 품종 개량

수목에 맺히는 먹을 수 있는 열매의 총칭을 '과일'이라 합니다.
우리에게 친숙한 과일 중 하나인 사과는 인류가 먹어 온 가장 오래된 과일로 일컬어집니다.
과일은 채소와 곡물과 마찬가지로 야생종을 기본으로 품종 개량(→p.122)이 반복되어 보다 크고 맛있는 열매를 맺게 되었습니다. 또 안정된 생산을 위해 병충해와 기후에도 강하고 열매도 잘 맺히게 개량되어 왔습니다.

재배종의 대표 품종인 '부사'. 야생종에 비해 열매의 크기가 고르며 단맛도 강하다.

▲사과의 원종. 왼쪽이 덜 익은 열매이며, 오른쪽이 익은 열매이다. 일반적으로 열매가 작고 단맛도 적으며 신맛이 강한 것이 많다.

열매를 먹는 것

과일의 대다수는 종자의 바탕이 되는 '밑씨'라는 부분을 둘러싸고 있는 씨방 등이 발달해 생긴 열매를 먹습니다. 그러나 사과나 배는 씨방이 달린 부분에 해당하는 화탁(화상)이 발달해 생긴 열매를 먹습니다.

사과 사과는 커진 화탁을 먹습니다. 추위에 강하기 때문에 겨울이 추운 지방에서도 재배됩니다.

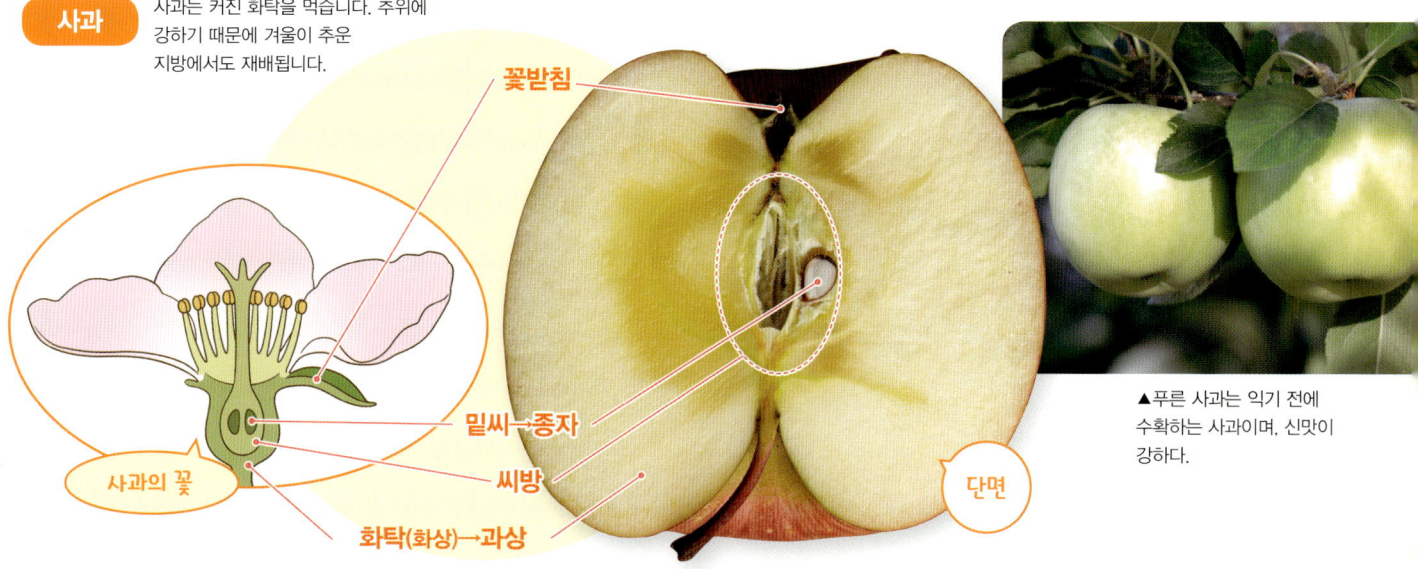

▲푸른 사과는 익기 전에 수확하는 사과이며, 신맛이 강하다.

귤

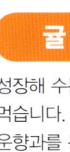

성장해 수분과 영양을 머금은 씨방을 먹습니다. 여름밀감과 그레이프후루츠 등 운향과를 통칭 '감귤류'라고 합니다. 추위에 약해 눈이 거의 내리지 않는 지역에서 재배됩니다.

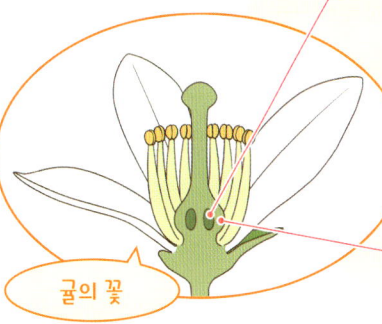

밑씨 — 수분 후 종자가 된다. 한국에서 가장 흔한 온주귤은 수분하지 않아도 열매가 맺히기 때문에 열매에 종자가 없다.

외과피 — 바깥쪽 껍질

씨방→열매

내과피 — 안쪽 하얀 껍질.

단면

귤의 꽃

⊙ 열매의 방(양낭)

다수의 알맹이가 모여 있는 주머니를 '양낭'이라 하며, 수분과 영양분이 저장돼 있습니다. 양낭 표면에 있는 하얀 줄은 관다발(→p.13)의 흔적입니다. 광합성에 의해 만들어진 당분이 이 관다발을 통해 양낭 안의 알맹이로 전해집니다.

하얀 줄(관다발의 흔적).

바나나

바나나는 씨방의 벽(과피)이 발달해 생긴 부분을 먹습니다. 일반적인 식용 바나나는 종자가 맺히지 않지만, 안에 종자의 흔적이 보입니다.

암꽃(열매), **수꽃**, **단면**, **종자의 흔적**

파인애플

파인애플은 복수의 열매가 모여 복합과가 되었습니다.

하나의 열매.

그 밖의 열매를 먹는 과일

복숭아, 포도, 감, 배

종자를 먹는 것

밤이나 호두 등 종자를 먹는 것도 과일에 포함됩니다. 이들은 건조해 단단해진 과피를 깐 후 안의 종자를 먹습니다.

밤

밤은 겉껍데기에 둘러싸여 있는 열매 속의 종자를 먹습니다. 겉껍데기 속에는 1~3개의 열매가 맺힙니다.

암꽃, **겉껍데기**, **종자**, **미숙한 열매**, **씨방→열매**, **단면**

그 밖의 종자를 먹는 과일

아몬드, 호두, 캐슈, 피스타치오

산의 화초 봄

우리나라는 국토의 70% 정도가 산지로 이루어져 있습니다. 산에는 여러 화초와 수목이 자생하고 있습니다. 화초는 초원이나 습지 부근, 습원 등에서도 볼 수 있습니다.

옥살리스 그리피디(Oxalis griffithii)
잎이 괭이밥(→p.55)을 똑 닮았지만, 하얀 꽃을 피웁니다. ■괭이밥과
■여러해살이풀 ■5~15cm
❋3~4월 ■일본, 중국
■산지

꽃잎이 잘게 갈라져 있다.

잎에 광택이 있으며 거울처럼 보인다.

꽃

미치광이풀
맹독 식물입니다. 봄에 잎겨드랑이에서 갈색 범종 모양의 꽃이 축 처집니다. ■가지과
■여러해살이풀 ■30~60cm
❋4~5월 ■한국 원산 ■늪지

풀 전체에 독이 있다.
잎은 부드럽다.

구분법
싹 / 털이 거의 없다. / 하얀 털이 자란다.
▲미치광이풀 ▲머위

암석경
습한 암석 지대에 자라며, 잎은 일 년 내내 녹색에 광택이 있습니다. ■돌매화나무과 ■여러해살이풀 ■10~20cm
❋4~7월 ■일본 원산 ■고산, 암석 지대

향신료로 쓰이는 식물

고추냉이처럼 음식에 향이나 매운맛을 더하기 위해 쓰는 식물의 도움이 되는 부분을 '향신료'라고 합니다. 후추(후추나무라는 식물의 열매), 겨자(갓이라는 식물의 종자), 제피가루(초피나무라는 식물의 열매껍질) 등이 대표적인 향신료입니다.

향신료에는 음식에 풍미를 더하는 것뿐만 아니라, 몸의 피로를 달래 주거나 식욕을 증진하는 등의 효과도 있습니다. 또한 음식에 든 안 좋은 균의 번식을 억제하는 효과도 있습니다.

후추나무의 열매. 익으면 열매 색이 붉어진다.

고추냉이 식

맑은 물에 자라며 뿌리줄기(→p.8)를 향신료로 이용합니다. ■십자화과
■여러해살이풀 ■20~40cm
❋3~5월 ■한국, 일본 ■늪지
■잎·꽃(나물, 샐러드), 뿌리줄기(향신료)

지치

뿌리에서 보라색 색소를 얻을 수 있습니다. 야생 개체는 격감했습니다.
■지치과 ■여러해살이풀
■30~60cm ❋6~7월
■한국, 일본, 중국 ■초원

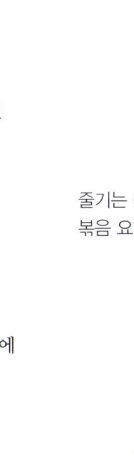

개감수 독

꽃은 봄에 핍니다. 풀 전체에 독이 있습니다. ■대극과
■여러해살이풀
■20~40cm ❋4~5월
■한국, 일본, 러시아
■산지

제비꽃의 동속 중 꽃이 가장 크다.

에이잔제비꽃

제비꽃(→p.91)의 동속이지만 잎은 잘게 갈라져 있습니다.
■제비꽃과 ■여러해살이풀
■5~15cm ❋3~5월
■한국, 일본 ■산지

줄기가 밑에서 약간 굽으며 비스듬히 서고, 털이 없으며 물기가 많다.

줄기는 싱싱하고, 나물이나 볶음 요리로 먹을 수 있다.

수그루 꽃에는 줄기에서 가지가 나뉜 꽃자루가 있지만, 암그루 꽃에는 없다.

우산물통이 식

암수딴그루. 습하고 어둑한 장소에 많이 자랍니다. ■쐐기풀과 ■여러해살이풀
■20~50cm ❋4~8월 ■한국, 일본
■늪지 ■줄기(나물, 볶음), 뿌리

산의 수목 봄

가지 끝에 꽃이 여러 개 핀다.

홍황철쭉 독
초여름에 새잎과 함께 커다란 주홍색 꽃을 피웁니다.
- 진달래과 ■ 낙엽저목
- 1~3m ❀ 5~7월
- 🍎 10~11월 ■ 한국, 일본
- 초원, 숲 가장자리

포기 전체에 독이 있다.

개굴피나무
물가 삼림의 대표적인 고목(高木)입니다. 열매에 날개(판 모양 돌기)가 있습니다.
- 가래나무과
- 낙엽고목 10~20m ❀ 4~6월
- 🍎 7~8월 ■ 일본 원산 ■ 늪지

자작나무 식
하얀 나무껍질이 눈에 띕니다.
- 자작나무과 ■ 낙엽고목 10~25m
- ❀ 4월 🍎 8~10월 ■ 한국, 일본 ■ 산지
- 수액(음료)

암꽃이삭. 위쪽으로 난다.

수꽃이삭. 아래쪽으로 난다.

꽃이 핀 후에 잎이 난다.

로도덴드론 딜라타툼
(Rhododendron dilatatum)
가지 끝에 세 장의 잎이 납니다. 4~5월에 자홍색 꽃이 핍니다. ■ 진달래과
- 낙엽저목 1~3m ❀ 4~5월 ■ 일본
- 산지, 암석 지대

▲각각의 꽃에는 수술이 다섯 개 있다.

마취목 독
포기 전체에 강한 독이 있어 동물은 먹을 수 없습니다. ■ 진달래과 ■ 상록저목 1~5m
- ❀ 2~5월 🍎 9~10월 ■ 일본 원산 ■ 산지

173

에우프텔레아

암수딴그루. 잎이 나기 전에 꽃이 핍니다. 꽃잎과 꽃받침은 없습니다. ■에우프텔레아과 ■낙엽고목 ■7~15m ❀3~4월 ●10월 ■일본, 중국 ■골짜기, 폐허

종덩굴

경종(소형 종) 같은 꽃을 피웁니다.
■미나리아재비과 ■낙엽 덩굴성 목본 ❀5~6월 ■한국, 중국, 러시아 ■산지

아비에스 마리에시

(Abies mariesii)

눈이 많은 고산 지대에 자랍니다. 청자색 구과(솔방울)가 맺힙니다. ■소나무과 ■상록고목 ■10~20m ❀6월 ●9~10월 ■일본 ■아고산대

베이트키전나무

아비에스 마리에시와 닮았지만 더 남쪽에 분포하며 구과는 더 작습니다. ■소나무과 ■상록고목 ■10~20m ❀5~6월 ●9~10월 ■일본 ■아고산대

소나무

나무껍질은 적갈색입니다. 곰솔(→p.203)과는 달리 잎 끝을 만져도 아프지 않습니다. ■소나무과 ■상록고목 ■5~25m ❀4~5월 ●9~11월 ■한국, 일본, 중국 ■산지

가문비나무

높은 산에서 베이트키전나무 등과 함께 자랍니다. 작은 원주형 모양의 구과가 아래쪽으로 맺힙니다. ■소나무과 ■상록고목 ■10~25m ❀5~6월 ●9~10월 ■한국, 일본, 중국 ■아고산대

일본전나무

일본에서는 크리스마스트리에 주로 '독일가문비'가 쓰이지만 서양에서는 일본전나무가 쓰입니다. ■소나무과 ■상록고목 ■10~30m ❀5월 ●10월 ■일본 원산 ■산지

산의 화초 여름

톱풀
잎이 잘게 나뉘며 마치 톱니처럼 삐죽삐죽합니다.
- 국화과 여러해살이풀 30~100cm 7~9월
- 한국, 일본, 중국 초원

가늘고 길며 삐죽삐죽한 잎.

땅속줄기(땅속에 있는 줄기)를 옆으로 뻗어 넓게 자란다.

우산나물 (식)
봄에 싹이 틀 때는 마치 부러진 우산처럼 보입니다.
- 국화과 여러해살이풀 50~100cm
- 7~10월 한국, 일본 산지
- 새싹(튀김, 볶음, 무침)

새싹

왜솜다리
두화를 감싸는 총포는 털이 빽빽이 자라 하얗게 보입니다.
- 국화과 여러해살이풀 25~50cm
- 7~8월 한국, 일본, 중국 암석 지대

두화 — 낱꽃의 모임.

총포 — 꽃을 감싸는 잎이 변화한 것.

꽃잎의 안쪽에 하얀 털이 자라나 있다.

작은 잎은 세 장.

조름나물
작은 잎은 세 장이며, 각각이 떡갈나무(→p.162)의 잎을 닮았습니다.
- 조름나물과
- 여러해살이풀
- 30~50cm
- 5~8월
- 한국, 북반구의 한대 지역
- 습지, 물가

풀 전체에 강한 독이 있다.

▲뿌리줄기에 죽순 같은 마디가 있다.

독미나리 (독)
뿌리줄기(→p.8)가 두꺼우며 고추냉이(→p.171) 같습니다.
- 미나리과 여러해살이풀 60~100cm
- 6~8월 한국, 일본, 중국 습지, 물가

파라세네치오 델피니폴리우스 식
(Parasenecio delphiniifolius)

산나물로 먹습니다.

- 국화과 여러해살이풀
- 50~100cm 🌸 8~9월
- 일본 산지, 숲속
- 새싹(튀김, 볶음, 무침)

궁궁이

꽃은 다섯 개의 수술과 두 개의 암술머리(→p.11)가 있는 암술로 이루어집니다. 미나리 같은 향이 납니다.
- 미나리과
- 여러해살이풀 50~150cm
- 🌸 9~11월 한국, 일본 산지

일본 이시카와현의 하쿠산(白山)에서 최초로 발견되었다.

백산설앵초
일본 고산 지대에 자라며, 눈이 두껍게 쌓인 곳에 꽃밭을 이룹니다.
- 앵초과 여러해살이풀 5~15cm
- 🌸 8월 일본 고산, 아고산대

하쿠산후로(일본명)
작은 손바닥처럼 나뉜 잎이 마주 보며 납니다. 꽃 색깔은 분홍입니다.
- 쥐손이풀과
- 여러해살이풀
- 30~60cm 🌸 7~8월
- 일본 고산, 아고산대

꽃은 아래부터 순서대로 핀다.

줄기에 난 잎의 모임이 아홉 단 정도에 이른다.

냉초
줄기 끝에 긴 꽃이삭이 맺힙니다. 대롱 모양의 꽃잎은 네 갈래로 나뉩니다.
- 질경이과 여러해살이풀 80~130cm
- 🌸 7~8월 한국, 일본, 중국 초원

세 장 이상의 잎이 같은 곳에 나 있다(돌려나기).

좀양지꽃
고산 지대에 군생합니다. 양지꽃(→p.89)의 동속입니다.
- 장미과 여러해살이풀 7~20cm
- 🌸 7~8월 한국, 일본 고산

독미나리와 산나물인 미나리의 구분법

독미나리는 미나리(→p.96)와 어린잎과 꽃이 똑 닮았으며, 같은 장소에 자랍니다. 하지만 착각해 독미나리를 먹으면 독에 중독돼 죽을 수도 있기 때문에 매우 위험합니다. 독미나리와 미나리를 구분할 때는 우선 잎의 냄새를 맡아 봅시다. 미나리는 독특하고 좋은 향이 납니다. 또, 미나리의 뿌리는 수염뿌리지만 독미나리는 두껍고 내부에 죽순 같은 마디를 지닌 뿌리줄기가 있어 지하부의 형태로도 구분할 수 있습니다.

◀ 작은 잎은 달걀 모양이며, 끝이 길고 뾰족하다.

노루오줌
여름에 잘게 가지가 나뉜 하얀 꽃이삭을 맺습니다. 줄기의 밑이 붉어집니다.
- 범의귀과 여러해살이풀
- 40~80cm 🌸 6~7월
- 한국, 일본, 중국 산지

산의 식물 여름

2~7개의 꽃이 축 처지듯 핀다.

풀 전체에 독이 있다.

디첸트라 페레그리나
(Dicentra peregrina)

고산의 모래와 자갈에서 자라며 뿌리를 깊게 뻗어 험한 환경에 견딥니다. ■양귀비과
■여러해살이풀 ■5~15cm ❋7~8월
■일본 ■고산

한 장의 잎이 잘게 갈라져 있다.

글라우키디움 팔마툼
(Glaucidium palmatum)

눈이 많은 산지의 낙엽수림 밑에서 네 장의 꽃받침에 꽃을 피웁니다. ■미나리아재비과
■여러해살이풀 ■20~60cm
❋5~7월 ■일본 ■산지

🍃 일본에만 있는 식물

글라우키디움 팔마툼은 일본에만 자생하는 일본의 고유 식물입니다. 일본에 자생하는 종자식물과 양치식물은 약 7,000종이 있으나, 그중 무려 2,500종이 일본 고유종입니다. 이처럼 식물에는 너도밤나무(→p.174)와 편백(→p.183) 등 우리들에게 친숙한 식물도 있지만, 이시가키섬과 이리오모테섬에만 자생하는 야에야마야자처럼 매우 좁은 지역에 자생하는 종도 있습니다.

▲일본에서 천연기념물로도 지정되어 있는 야에야마야자.

각각의 열매가 긴 솜털로 둘러싸여 있다.

황새풀

커다란 포기가 됩니다. 잎은 짧고 눈에 잘 띄지 않습니다.
■사초과 ■여러해살이풀
■20~50cm ❋6~8월
■한국, 일본, 중국
■고층 습원

▲솜털이 나기 전의 황새풀 꽃.

참꽃창포

꽃 색깔이 보라색이며, 꽃잎은 가늘고 노란색이 섞여 있습니다. 꽃창포(→p.65)는 원예 품종입니다.
■붓꽃과 ■여러해살이풀 ■40~100cm ❋6~7월
■한국, 일본 ■습지, 물가

구분법

잎
잎맥 중앙이 높게 부풀어 있다.
잎맥 중앙이 높게 부풀지 않았다.
잎맥 중앙
▲참꽃창포   ▲붓꽃

애기금매화

습한 곳에 군생합니다.
■미나리아재비과
■여러해살이풀 ■20~80cm
❋7~9월 ■한국, 일본, 중국
■고산

■과명 ■생활 양식 ■크기 ❋꽃이 피는 시기 ●열매가 맺히는 시기 ■분포 또는 원산지 ■발견되는 장소 ■먹는 방법 ●외래종 ●먹을 수 있는 식물 ●독이 있는 식물

산의 수목 여름

로도덴드론 데그로니아눔 (독)
(Rhododendron degronianum)
꽃잎은 분홍이며, 끝이 다섯 개로 갈라집니다. 잎에 독이 있습니다.
- 진달래과 상록저목 1~5m
- 5~6월 9~10월 일본 산지

개옻나무 (독)
작은 황록색 꽃을 가득 피웁니다. 수액에 피부염이 일어납니다.
- 옻나무과 낙엽소고목 2~6m
- 5~6월 9~10월 한국, 일본, 중국
- 산지, 숲 가장자리

노랑만병초 (독)
옅은 노란색 꽃을 피웁니다. 잎에 독이 있습니다.
- 진달래과
- 상록소저목 10~100cm 6~7월
- 9~10월 한국, 일본, 중국 고산

옻나무의 옻독
개옻나무와 옻나무 등 옻나무과 식물에서 나오는 수액을 만지면 빨갛게 붓고 가려움이 느껴지는 경우가 있습니다. 이것은 수액에 포함된 '우루시올'이라는 독에 의해 일어나는 '옻나무 옻독'이라고 하는 피부 염증입니다. 사람에 따라서는 수액에 닿지 않고 근처를 지나는 것만으로도 증상이 나타나는 경우도 있어 주의가 필요합니다. 옻독이 올라왔을 경우 빨리 피부과에서 치료를 받읍시다.

일본조팝나무
하나의 꽃에 다섯 장의 꽃잎과 꽃받침, 다수의 수술, 다섯 개의 암술이 있습니다.
- 장미과
- 낙엽소저목 0.5~1m
- 5~8월 9~10월
- 한국, 일본, 중국 산지, 암석 지대, 공원, 정원

잎이 뾰죽뾰죽하다.

▲수술이 길게 뻗어 나와 있다.

매화오리나무 (식)
하얀 꽃이삭을 많이 맺습니다. 꽃은 다섯 장의 꽃잎과 열 개의 수술, 끝이 세 갈래로 갈라진 암술로 이루어집니다. 매화오리나무과
- 낙엽소고목 5~10m 6~8월
- 9~11월 한국, 일본, 중국
- 산지 새싹(무침)

줄기는 나무껍질이 벗겨져 얼룩무늬를 띤다.

칠엽수 (식)(독)

잎은 손바닥 모양이며 초여름에 위쪽으로 하얀 꽃이삭을 맺습니다. 생 종자에는 독이 있습니다.

- 무환자나무과
- 낙엽고목
- 20~30m
- 5~6월 9월
- 일본 원산
- 늪지 종자(떡)

열매: 속의 종자에도 단단한 껍질이 있다.

잎 뒷면에 부드러운 털이 자라나 있다.

▼종자로 만든 떡.

산딸나무 (식)

꽃이 작고 수수하지만, 네 장의 크고 하얀 총포편이 눈에 띕니다.

- 층층나무과 낙엽고목
- 5~15m 5~7월 9~10월
- 한국, 일본, 중국 산지
- 열매(생식, 열매주)

꽃차례: 꽃의 모임. 하얀 총포에 둘러싸여 있다.

▶달고 먹을 수 있는 열매. 위쪽으로 맺힌다.

연밥피나무

꽃은 축 처지듯 피며, 꽃차례의 자루에 한 장의 총포(꽃을 감싸는 잎이 변화한 것)가 납니다. 열매는 총포와 함께 떨어집니다.

- 아욱과 낙엽고목 10~30m 6~7월 10월
- 한국, 일본 산지, 늪지

마가목 (식)

나무껍질은 회갈색이며 가늘고 긴 돌기가 있습니다.
- 장미과
- 낙엽소고목 6~10m 5~7월
- 9~10월 한국, 일본 산지
- 열매(열매주, 잼)

◀잎이 떨어진 후에도 열매는 남는다.

잎 가장자리가 뾰족뾰족하다.

181

일본목련
일본에 자생하는 나무 중 가장 큰 꽃을 피웁니다.
목련과 낙엽고목 10~30m 5~6월
9~11월 일본 원산 산지, 잡목림

편백
잎 뒷면에 하얀 Y자형 줄(기공대)이 있습니다. 양질의 목재를 얻을 수 있습니다. 측백나무과 상록고목
5~30m 4월 10~11월
한국, 일본 산지

구과(솔방울)
비늘 같은 잎.
▶ 편백의 잎 뒷면에 보이는 기공. 기공(→p.12)이 잔뜩 모여, 줄이 되었다.

나한송 식 독
암수딴그루. 붉은 과상(→p.168)은 달며 먹을 수 있습니다. 나한송과 상록고목
3~20m 5~6월 10~12월 중국 원산
정원, 바다와 가까운 산지 화탁(생식)

▼ 종자의 녹색 부분은 독이 있어 먹을 수 없다.
종자
과상

솔송나무
잎 끝이 움푹 패여 있습니다. 잎 뒷면에 두 개의 기공대가 있습니다. 소나무과
상록고목 10~30m
4~6월 10~11월
한국, 일본 산지

구과가 아래쪽으로 맺힌다.
잎의 뒷면
▲ 솔송나무의 잎 뒷면.

일본잎갈나무
짧은 가지 끝에 20~30개의 잎이 다발로 납니다.
소나무과 낙엽고목 1~20m
5월 9~10월 일본 원산 산지, 폐허

섬잣나무
산지의 능선에 자랍니다. 잎은 다섯 개씩 다발로 납니다. 소나무과 상록고목 5~20m 5~6월
10월 한국 원산 산지, 정원

◀ 섬잣나무의 잎.
수꽃

183

산의 화초 가을

산의 식물 가을

곰취
머위(→p.87)를 닮은 잎이 납니다. 비슷하게 생긴 곤달비와는 혀꽃의 개수가 다릅니다. ■국화과
■여러해살이풀 ■0.7~1.5m ✿7~9월
■한국, 일본, 중국 ■산지, 초원

큰수리취 식
엉겅퀴(→p.86)와 닮은 거무스름한 자주색 꽃을 아래쪽으로 피웁니다. ■국화과
■여러해살이풀 ■0.8~1.5m ✿9~10월
■한국, 일본 ■산지
■새잎(튀김, 무침)

구분법

혀꽃이 10장 전후. / 혀꽃이 5장 이하.

혀꽃

▲곰취 　▲곤달비

두화
낱꽃의 모임.

하얀 부분은 꽃잎이 아닌 총포(꽃의 모임을 감싸는 잎 같은 것)다.

산떡쑥
총포가 까칠까칠해 종이 같습니다.
■국화과
■여러해살이풀
■30~80cm
✿8~10월
■한국, 일본, 중국
■초원

뒷면이 하얀 털로 덮여 있다.

위에 달린 잎일수록 작다.

숫잔대 독
줄기 상부에 꽃을 많이 피웁니다. 줄기는 가지가 나뉘지 않습니다.
■초롱꽃과 ■여러해살이풀
■50~100cm ✿8~9월
■한국, 일본, 중국
■습지, 물가

풀 전체에 독이 있다.

산비장이
엉겅퀴(→p.86)와 닮은 꽃을 피우지만 잎에 가시가 없습니다. ■국화과
■여러해살이풀 ■50~100cm
✿8~10월 ■한국, 일본 ■초원

물가에 군생하는 숫잔대.

184　■과명　■생활 양식　■크기　✿꽃이 피는 시기　●열매가 맺히는 시기　■분포 또는 원산지　■발견되는 장소　■먹는 방법　외외래종　식먹을 수 있는 식물　독독이 있는 식물

산의 식물 가을

풀산딸나무
고산의 침엽수림에 자라는 작은 풀이지만, 붉은 열매가 눈에 띕니다. ■층층나무과
■여러해살이풀 ■5～15cm ❋6～8월
●9～11월 ■한국, 일본 ■아고산대

▲꽃이 피는 줄기는 잎이 여섯 장. 꽃이 피지 않는 줄기는 잎이 네 장이다.

실제 크기

물매화
꽃은 하얗고 다섯 장의 둥근 꽃잎이 매화꽃을 연상시킵니다.
■노박덩굴과
■여러해살이풀
■10～40cm ❋8～10월
■북반구의 온대와 아한대
■습원

붉은터리풀
잎이 복잡하게 갈라져 있습니다. ■장미과
■여러해살이풀 ■30～100cm ❋7～9월
■한국, 중국 ■산지

▶붉은터리풀의 잎에는 작은 잎이 몇 개 모여 있다. 끝에 난 작은 잎은 손바닥 같은 모양이다.

바위떡풀
습한 암석 지대에 자라며 한자 '큰대(大)'를 닮은 하얀 꽃을 피웁니다. ■범의귀과
■여러해살이풀 ■10～50cm ❋7～10월
■한국, 일본, 중국 ■암석 지대

동자꽃
줄기의 마디가 거무스름합니다.
잎은 마주 보고 납니다.
■석죽과 ■여러해살이풀
■40～80cm ❋7～10월
■한국, 일본 ■산지

줄기의 마디가 검다.

실제 크기

제주도를 제외한 전국의 높은 산에서 흔히 볼 수 있는 여름 꽃이다.

촛대승마
익은 열매는 자연스레 갈라져 종자를 날려 보냅니다.
- 미나리아재비과
- 여러해살이풀
- 60~120cm ❋8~10월
- 한국, 일본 ■산지

큰두루미꽃
열매는 처음에 얼룩 모양이지만, 시간이 지남에 따라 붉게 익습니다.
- 비짜루과 ■여러해살이풀
- 10~25cm ❋5~7월 🍎9~10월
- 한국, 일본, 중국
- 산지, 아고산대

잎은 하트 모양을 띠고 있다.

꽃

산의 수목 가을

크기 Check

수꽃

개동청나무
암수딴그루. 암그루는 긴 자루 끝에 하얀 꽃을 하나 피워, 종자가 네 개 있는 열매를 맺습니다.
- 감탕나무과 ■상록소고목
- 3~7m ❋6~7월 🍎10~11월
- 일본 원산 ■산지

암그루는 붉은 열매를 맺는다.

참단풍
처음에는 털이 있으나 없어지며, 일부에 점성이 있습니다.
- 무환자나무과 ■낙엽소고목 7~10m ❋4~5월
- 🍎7~9월 ■한국, 일본 ■산지

크기 Check

🌿 설산에 나타나는 괴물?

일본의 야마가타현과 미야기현에 걸친 자오산과 아오모리현의 핫코다산 등의 산에는 겨울에 눈이 내리면 '수빙(樹氷)'이라고 불리는 커다란 얼음덩어리가 많이 보입니다. 수빙의 중심에 있는 건 아비에스 마리에시(→p.175)입니다. 이 나무에 얼음과 눈이 점점 쌓여 커다란 수빙이 생깁니다. 하지만 그저 눈이 내리기만 해서는 수빙이 만들어지지 않습니다. 적당한 세기의 바람과 적당히 낮은 기온 등의 조건이 갖추어졌을 때 수빙이 만들어지는 것입니다. 그 때문에 일본에서도 수빙을 볼 수 있는 건 눈이 많이 내리는 지역에 한정되어 있습니다.
수빙은 그 모습으로부터 '얼음 괴물'이라고도 불립니다.

▲자오산의 수빙.

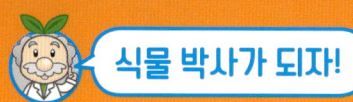

버섯류 ~식물도, 동물도 아니다

나무뿌리 등에 자라는 기묘한 형태를 띤 버섯은 '균류'에 속합니다. 균류에는 버섯 외에도 곰팡이와 지의류라고 불리는 것도 있습니다. 움직이지 않는 균류는 식물처럼 보이지만, 식물도 동물도 아닌 별개의 생물입니다.

소나무 뿌리에 자란 송이버섯. 버섯은 다른 식물 근처에서 양분을 얻으며 자란다.

버섯의 구조

균류는 포자로 번식합니다. 균류의 몸은 잎, 줄기, 뿌리 같은 종자식물의 기관이 아닌 포자로부터 성장한 '균사'라고 불리는 실로 이루어져 있습니다.
우리들의 눈에 '버섯'으로 보이는 부분은 포자를 만들기 위한 부분이며 '자실체'라고 불립니다. 종류에 따라 주름살 안쪽이나 '자낭'으로 불리는 주머니(→p.192) 안에 포자가 있습니다.

갓
버섯 상부의 크게 열린 부분.

주름살
갓 안쪽에 있는, 포자가 만들어지는 부분.

턱받이
버섯이 작을 때 주변을 덮었던 막의 흔적.

대주머니
버섯이 작을 때 주변을 덮었던 막의 흔적.

줄기
갓을 지탱하는 봉 같은 부분.

달걀버섯 식
붉은 갓이 매우 선명하고 눈에 띄는 버섯입니다.
- 광대버섯과
- 10~20cm(높이)
- 여름~가을
- 활엽수림의 지상
- 국 건더기, 조림

나무줄기에 자라는 뽕나무버섯. 군생하는 버섯도 많다.

■과명 ■크기 ●발견되는 시기 ■발견되는 장소 ■먹는 방법 식먹을 수 있는 버섯 독독이 있는 버섯

버섯의 생애

달걀버섯 등의 버섯의 경우 포자가 갓 안쪽에 있는 주름살 부분에서 만들어집니다.

포자는 바람 등에 실려 멀리 이동해 땅에 낙하한 후 성장해 균사(1차 균사)가 됩니다. 1차 균사는 성별 같은 것이 있어 자신과 다른 타입의 균사와 들러붙어 2차 균사가 됩니다. 2차 균사는 성장해 일반적으로 버섯이라고 불리는 부분인 자실체를 형성합니다.

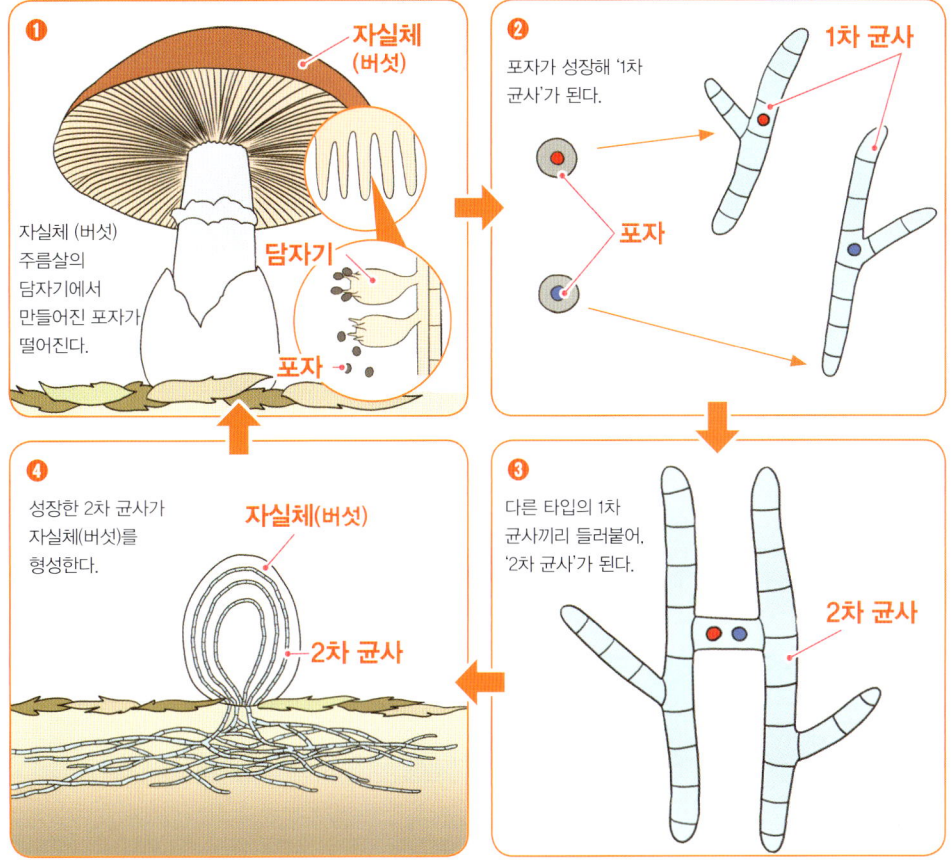

숲을 만드는 균류

버섯을 시작으로 균류는 광합성을 하지 않아 스스로 양분을 만들 수 없습니다. 그렇다면 균류는 어떻게 양분을 얻고 있는 것일까요?

균류는 양분을 얻는 방법에 따라 '부생균류'와 '공생균류' 등으로 나뉩니다. 부생균류는 떨어진 잎이 쌓인 부엽토나 쓰러져 시든 나무 등에 자랍니다. 떨어진 잎과 시든 나무를 분해해 양분으로 삼습니다. 공생균류는 소나무 뿌리에 자라는 송이버섯처럼 특정 나무의 뿌리에 붙어 서로 물질(양분)을 교환합니다. 균류에 의해 분해된 낙엽 등은 흙으로 돌아가 다른 식물과 동물의 양분이 됩니다. 균류의 활동이 풍부한 숲을 만드는 것입니다.

부엽토와 시든 나무줄기 등에 자란다. 낙엽이나 시든 나무를 분해해 양분으로 삼는다.

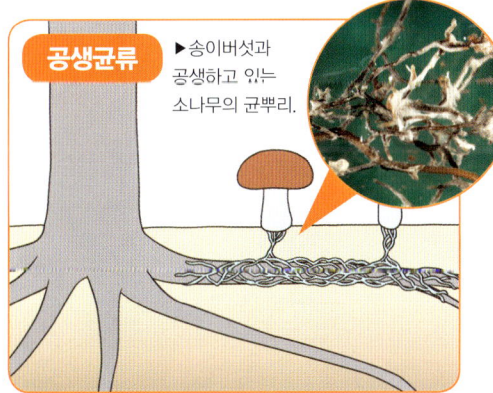

▶송이버섯과 공생하고 있는 소나무의 균뿌리.

특정 나무의 뿌리에 자라면서 나무의 뿌리와 균사가 서로 얽힌 '균뿌리'를 형성한다. 여기에서 나무가 광합성으로 만든 양분을 받고, 대신 낙엽 등을 분해해 얻은 양분을 나무에게 준다.

🌿 버섯으로부터 양분을 받는 식물

진달래과 나도수정초는 광합성을 하지 않은 채 공생균류인 냄새무당버섯종으로부터 양분을 받아 살아갑니다. 이와 같은 식물을 '균류 종속 영양 식물'이라고 합니다.
이와 같이 식물에는, 그 외에도, 난초과 으름난초 등이 있습니다.

하얗고 투명한 꽃을 피우는 나도수정초.

버섯의 종류

버섯의 뿌리에는 실 모양의 균사가 있고, 그곳에서 양분을 흡수합니다. 먹을 수 있는 버섯도 많지만 독이 있는 것도 많으며, 구분하는 것이 어렵기 때문에 철저히 확인하지 않고 섣불리 먹는 건 매우 위험합니다.

마귀광대버섯 (독)
갓에 하얀 돌기가 많은 독버섯입니다.
- 광대버섯과
- 5~35cm(높이)
- 여름~가을
- 활엽수림의 지상

광대버섯 (독)
귀여운 외관을 지녔지만 독이 있어 먹으면 환각이나 구토를 유발합니다.
- 광대버섯과
- 10~24cm(높이)
- 여름~가을
- 활엽·침엽수림의 지상

개암버섯 (식)
나무뿌리에서 자라는 버섯입니다. 성장하면 색이 점점 짙어집니다.
- 독청버섯과
- 5~10cm(높이)
- 가을
- 활엽수의 줄기
- 국 건더기, 조림

나도팽나무버섯 (식)
끈적끈적한 액체로 덮여 있는 것이 특징입니다. 자주 먹는 건 재배된 어린 나도팽나무버섯입니다.
- 독청버섯과
- 3~5cm(높이)
- 가을
- 쓰러진 나무
- 국 건더기

뽕나무버섯 (식)
잡목림에서 자주 보이는 식용 버섯입니다.
- 뽕나무버섯과
- 4~15cm(높이)
- 봄~가을
- 쓰러진 나무
- 국 건더기

표고버섯 (식)
많이 재배되며 식용으로 쓰이는 버섯입니다.
- 절편버섯과
- 4~10cm(갓의 지름)
- 봄, 가을
- 참나무과의 나무줄기
- 국 건더기, 구이, 조림

팽나무버섯 (식)
재배용으로 품종 개량된 하얗고 가는 종이 잘 알려져 있지만, 야생종은 갈색에 견실합니다.
- 뽕나무버섯과
- 2~9cm(높이)
- 늦가을~봄
- 시든 활엽수
- 국 건더기, 조림

송이버섯 (식)
향이 좋아 고급 식용 버섯으로 유명합니다.
- 송이버섯과
- 10~20cm(높이)
- 가을
- 소나무 등의 뿌리
- 구이

화경버섯 (독)
밤에 주름살이 희미하게 빛납니다. 맹독이 있어 위와 장에 심한 중독을 일으킵니다.
- 절편버섯과
- 10~25cm(갓의 지름)
- 여름~가을
- 활엽수의 줄기

동충하초~곤충 몸에서 자라는 버섯

오른쪽 사진은 곤충(딱정벌레류)의 몸에서 자라는 버섯입니다. 이처럼 곤충의 몸속에 포자를 보내서 곤충의 체액을 양분으로 성장하는 버섯이 있습니다. 겨울 동안은 곤충이었던 것이 여름이 되면 풀(버섯)로 변신하는 것처럼 보여 '동충하초'라고 합니다.

▶딱정벌레류의 몸에서 자라는 딱정벌레 동충하초. 동충하초가 나올 무렵이 되면 기생하던 곤충은 죽는다.

목장말똥버섯 (독)
독이 있어 먹으면 신경에 영향을 주며, 웃음이 나오게 되는 경우가 있습니다.
- 소똥버섯과
- 1.5~6cm(높이)
- 봄~가을
- 목초지

국수버섯 (식)
하얗고 가늘게 뻗는 버섯입니다. 만지면 쉽게 꺾입니다.
- 국수버섯과
- 3~12cm(높이)
- 여름~가을
- 활엽수림의 지상
- 무침

잔나비불로초
나무의 줄기에 탁자처럼 퍼지며 성장합니다. 코코아 같은 가루가 갓의 한 면에 생깁니다.
- 구멍장이버섯과
- 10~40cm(갓의 지름)
- 활엽수의 줄기

댕구알버섯 (식) ※미숙한 것
새하얀 공 같은 버섯입니다. 성장하면 주변의 껍질이 벗겨져 갈색이 됩니다.
- 주름버섯과
- 20~50cm(높이)
- 대나무 숲, 공원 등의 지상
- 국 건더기

목이 (식)
갈색의 반투명한 버섯입니다. 먹으면 해파리 같은 식감이 있습니다.
- 목이과
- 약 6cm(갓의 지름)
- 시든 활엽수
- 국 건더기, 조림, 볶음

망태버섯 (식)
그물 모양 장식이 아름다운 버섯입니다. 중국요리의 식재료로 쓰입니다.
- 말뚝버섯과
- 15~18cm(높이)
- 초여름~가을
- 대나무 숲
- 국 건더기

가는꿀망태버섯
바구니 같은 모양을 띤 특이한 버섯입니다.
- 🟥 바구니버섯과
- 🟩 3~12cm(지름)
- 🟫 여름~가을
- 🟪 숲속의 지상

붉은사슴뿔버섯 독
매우 강한 독을 지녀 먹으면 죽는 경우도 있습니다. 또 만지는 것도 위험해 피부염이 심하게 오릅니다. 🟥점버섯과 🟩10~13cm(높이) 🟫가을
🟪 시든 활엽수. 지상

먼지버섯 식 ※미숙한 것
성장하면 바깥쪽 껍질이 별 모양으로 벌어져 포자를 날립니다.
- 🟥 먼지버섯과 🟩 약 2cm(지름) 🟫 여름~가을
- 🟪 활엽수림, 소나무 숲 등의 경사지 🟩 국 건더기, 조림

곰보버섯 식
갓은 없고, 가장자리가 그물 모양을 띱니다.
- 🟥곰보버섯과 🟩5~12cm(높이) 🟫봄
- 🟪길가, 초원 🟩국 건더기, 조림

주발버섯
자루가 없으며 밥그릇 모양으로 퍼집니다. 🟥주발버섯과
- 🟩1~5cm(높이) 🟫봄, 가을
- 🟪부엽토(풀이나 낙엽 따위가 썩어서 된 흙)

그물망처럼 움푹 팬 안쪽에 '자낭'이라고 불리는 포자를 담는 주머니가 있다.

🌿 버섯을 기르는 개미

남아메리카와 중부 아메리카에 사는 가위개미라는 개미종은 예리한 턱으로 나뭇잎을 잘라 둥지 안으로 가지고 갑니다. 나뭇잎을 잘게 잘라 양분으로 삼으며, 그곳에 버섯 균사를 심어 버섯을 기릅니다.
좁은 둥지 안에는 버섯(자실체)이 생기지 않지만, 성장한 균사는 개미의 식량이 됩니다. 가위개미는 버섯을 이용해 '농업'을 하고 있는 것입니다.

▲가위개미의 둥지 안에서 길러지는 버섯 균사.

곰팡이류

곰팡이도 버섯과 같은 균류입니다. 버섯과 마찬가지로 균사로 이루어져 있으며, 포자로 증식합니다.

술과 빵을 만드는 곰팡이

곰팡이는 '효소'라고 불리는 물질(단백질)을 내뿜어 여러 물질을 분해해 에너지를 만듭니다. 이 효소는 물질을 분해하고 합성해 그 특징을 변화시킵니다. 이 성질을 이용해 식품이나 약 등 도움 되는 물질을 만들 수 있습니다. 이를 '발효'라고 합니다.

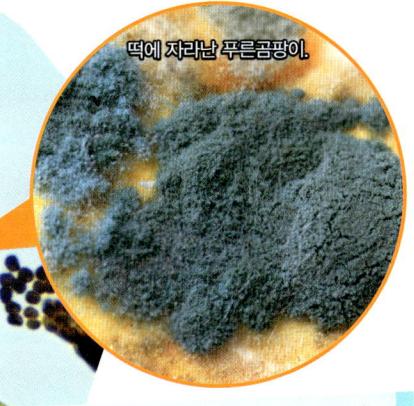
떡에 자라난 푸른곰팡이.

푸른곰팡이
빵과 과일, 떡 등에 자라는 곰팡이입니다. 청록색 포자를 잔뜩 만들어 점점 늘어납니다. 자라난 곳이 파랗게 보입니다.

눈에 보이지 않는 포자가 공기 중에 날아다녀 곰팡이가 자연스레 생기는 것처럼 보인다.

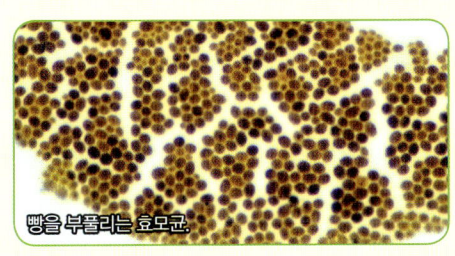
빵을 부풀리는 효모균.

지의류

지의류는 균류가 조류에 공생하는 부류입니다. 균사로 이루어진 몸 안에 갇힌 조류가 광합성으로 양분을 만들어 냅니다.

매화나무지의
매화나무와 소나무 등의 나무줄기에 옅게 퍼집니다.

송라
나뭇가지에서 실처럼 길게 처집니다.

그라피스 스크립타(Graphis scripta)
나무줄기에 퍼지며 무자를 쓴 것처럼 보입니다.

변형균류(점균류)

변형균류(점균류)는 균이라는 이름이 붙었지만, 버섯과 곰팡이 등의 균류와는 다른 부류입니다.

자실체 상태.
변형체는 선명한 노랑.

격벽검뎅이먼지
전 세계에 넓게 분포하며, 썩은 나무나 살아 있는 나무 위에서 발견됩니다.

변형균류의 생애

포자로부터 생긴 아메바가 모인 '변형체'라고 불리는 상태일 때는 동물처럼 움직입니다. 변형체가 자실체를 만들면 움직이지 않으며, 포자를 만듭니다.

포자와 포자낭. 그들을 지탱하는 자루 등에서 각각의 세포가 분화해 자실체를 형성한다.

변형체는 형태를 바꾸며 이동하고, 적당한 장소에서 움직이지 않게 된다.

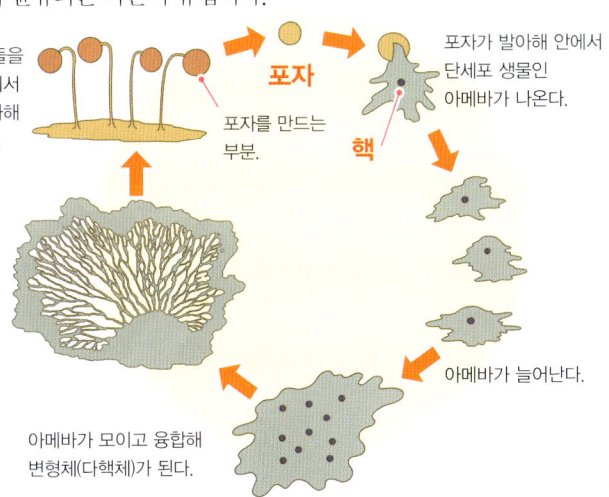

포자
포자를 만드는 부분.
포자가 발아해 안에서 단세포 생물인 아메바가 나온다.
핵
아메바가 늘어난다.
아메바가 모이고 융합해 변형체(다핵체)가 된다.

수중·수면의 식물

늪과 연못 등의 수중이나 수면에도 다양한 식물이 삽니다. 꽃과 잎만 떠 있거나 전체가 잠겨 있기도 해 다양한 생활 모습을 보입니다.

부엽 식물
잎이 수면에 뜨며 밑에 뿌리가 있습니다.

어리연꽃
가을에 수면에 뜨는 잎의 뿌리로부터 양분을 머금은 싹을 틔워 겨울을 보냅니다.
- 조름나물과
- 부엽 여러해살이풀 ❋7~9월
- 한국, 일본, 중국 ■연못, 늪

노랑어리연꽃
수술에 비해 암술이 긴 꽃을 피우는 것과 짧은 꽃을 피우는 것이 있습니다. ■조름나물과 ■부엽 여러해살이풀 ❋6~8월 ■한국, 일본, 중국 ■연못, 늪

가래
긴 자루가 있는 타원형 잎이 수면에 뜹니다. ■가래과
- 부엽 여러해살이풀 ❋6~10월
- 한국, 일본, 중국 ■연못, 늪, 논밭

자라풀
잎 뒷면에 스펀지 모양의 부낭이 있습니다.
- 자라풀과 ■부엽 여러해살이풀
- ❋8~10월 ■동아시아의 온대에서 아열대
- ■연못, 늪, 논밭

▲순채의 새싹.

열매
◀마름의 열매는 데치면 밤 같은 맛이 난다.

마름 식
열매는 물속에서 익으며, 두 개의 날카로운 가시가 있습니다. ■부처꽃과
■부엽 한해살이풀 ❀7~10월
■한국, 일본 ■연못, 늪
■열매(소금물에 데침)

순채 식
새싹은 매끈매끈한 젤리 형태의 물질로 둘러싸여 예로부터 식용으로 이용됐습니다. ■어항마름과
■부엽 여러해살이풀 ❀5~8월
■중국 원산 ■연못, 늪
■새싹(무침, 국 건더기)

잎의 주름을 피며 성장한다.

▲가시연꽃의 잎 뒷면에는 속이 빈 통 모양의 잎맥이 있다. 이것 덕분에 뜰 수 있다.

가시연꽃
수면에 뜨는 둥근 잎은 매우 커 종종 지름이 2m에 이릅니다. ■수련과 ■부엽 한해살이풀 ❀8~9월 ■한국, 일본, 중국
■연못, 늪

가시가 빽빽이 나 있다.

▲주름이 있는 잎과 없는 잎.

🌿 물 위를 흐르는 꽃가루

육상 식물은 바람과 곤충의 도움으로 수분을 합니다. 한편, 물가의 식물은 물에 의해 수분이 이루어지는 경우도 있습니다. 예를 들면, 검정말(→p.196)은 개화하면 수꽃이 자신으로부터 떠나 수면에 뜹니다. 수꽃으로부터 흘러 나간 꽃가루는 수면에 표류하다가 암꽃에 도달합니다. 그 밖에는 물속에서 수분하는 것과, 물 밑바닥에 꽃가루가 가라앉아 물 밑 근처에서 개화하는 암꽃에 수분되는 것도 있습니다. 이처럼 물을 이용해 수분하는 방법을 '물꽃가루받이'라고 합니다.

◀수면을 표류하는 검정말의 수꽃과 꽃가루.

부유 식물

뿌리를 제외한 식물 전체가 수면에 떠서 자랍니다.

수중·수면의 식물

개구리밥
잎으로 보이는 건 잎과 줄기가 합쳐진 엽상체입니다. 엽상체의 옆에서 싹이 터 증식합니다. ■천남성과
■부유 여러해살이풀 ✿드묾
■온대에서 열대 ■연못, 늪, 논밭

실제 크기

엽상체

세계에서 가장 작은 식물

세계에서 가장 작은 종자식물은 개구리밥종인 '분개구리밥'입니다. 엽상체의 지름은 1mm. 유럽 원산으로 일본의 논밭 등에서도 보입니다. 작은 식물이지만 꽃도 당당히 피웁니다. 그 크기는 1mm의 10분의 1보다 더 작습니다.

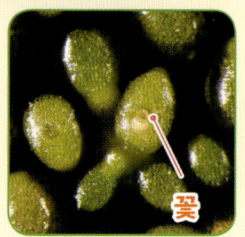

▲물에 뜨는 분개구리밥. 세계에서 가장 작은 꽃을 피운다.

부레옥잠 외
둥글게 부푼 잎자루가 부낭 역할을 하고 있습니다.
■물옥잠과 ■부유 여러해살이풀 ✿8~10월
■열대 아메리카 원산 ■연못, 늪, 논밭

잎자루
잎과 줄기를 잇는 자루.

통발
식충 식물이며 잎에 달린 포충낭으로 물벼룩 등을 빨아들입니다. ■통발과
■부유 여러해살이풀
✿7~9월 ■한국, 일본, 중국 ■연못, 늪, 습지

포충낭

침수 식물

물 밑바닥에 뿌리를 뻗어 식물 전체가 물속에서 성장합니다.

붕어마름
줄기 끝에서 겨울을 보내기 위한 양분을 모은 월동아가 납니다. ■붕어마름과
■부유~침수식물
✿5~8월
■세계 각지
■하천, 연못, 늪

물질경이
잎의 모양이 질경이(→p.53)를 닮았습니다. 열매에 주름이 많습니다.
■자라풀과
■침수 한해살이풀
✿8~10월 ■한국, 일본, 중국 ■논밭

검정말
수꽃이 피면 자루가 잘려 수면에 뜨고, 물의 흐름으로 꽃가루가 운반됩니다. 암꽃도 수면에 핍니다.
■자라풀과
■침수 여러해살이풀
✿8~10월 ■한국, 일본, 말레이시아 ■연못, 늪

아나카리스 외
잎은 줄기에 4~5장씩 납니다. 일본에는 수포기만 존재합니다. ■자라풀과
■침수 여러해살이풀 ✿6~10월 ■열대 남아메리카 원산 ■하천, 연못, 늪

꽃

■과명 ■생활 양식 ✿꽃이 피는 시기 ■분포 또는 원산지 ■발견되는 장소 ■먹는 방법 ⓦ외래종 ⓢ먹을 수 있는 식물 ⓓ독이 있는 식물

 식물 박사가 되자!

녹조류 ~육상 식물의 친척

우리가 보통 볼 수 있는 식물은 육상 식물입니다. 하지만 식물의 선조는 5억 년 이상 전에 물속에 살았습니다. 현재 수중에 사는 식물의 자손으로 녹조류를 꼽을 수 있습니다.

볼복스
표면에 잔털이 있으며 그것들을 움직이면서 빙글빙글 돕니다. 논밭과 늪 등에 자생합니다.

녹조류

엽록체를 지니며, 광합성을 할 수 있어 '육상 식물의 친척'으로도 불리지만 뿌리와 줄기, 꽃이 있는 육상 식물과는 형태가 전혀 다릅니다. 연못과 논밭 등의 물을 떠서 현미경으로 관찰하면 발견할 수 있습니다.

훈장말
32개의 세포가 서로 들러붙어 군체를 형성합니다.

차축조
중축의 마디로부터 6~8개의 가지가 돌려나는데, 수레바퀴와 같이 방사형으로 나오기 때문에 차축조라고 합니다.

빈달말
단세포 생물이지만, 0.5mm로 비교적 크며 10배율로도 관찰할 수 있습니다. 논밭과 늪 등에 자생합니다.

해캄
실 모양의 녹조류. 얕고 양분이 풍부한 담수에서는 아주 흔하게 보입니다.

식물의 상륙

식물이 상륙한 건 거의 5억 년 전입니다. 선조는 현재의 녹조류와 가까운 부류로 여겨집니다. 상륙 후 중력에 대항하기 위해 견고한 줄기가 생겼으며, 땅속에서 수분을 흡수하는 뿌리, 광합성을 하는 잎 등으로 나뉘어졌다고 여겨집니다. 상륙한 식물은 지상에서 동물이 살 수 있도록 환경을 크게 바꿔 왔습니다.

상륙 전의 식물 녹조류 등이 중심. 단순한 구조가 많다.

상륙

상륙 후의 식물 상륙 후의 식물은 수중 식물과 비교해 구조가 복잡하다.

식충 식물 ~곤충을 먹는 식물

식물에는 '식충 식물'이라고 불리는 종이 있습니다. 이들은 곤충을 포획해 소화하고 양분을 흡수합니다. 광합성만으로는 부족한 양분을 곤충으로부터 얻는 것입니다. 곤충을 잡는 방법은 다양합니다.

끼워 잡는다!

파리지옥은 북아메리카가 원산지인 여러해살이풀입니다. '벌레잡이잎'이라고 불리는 잎에 곤충이 닿으면, 이 잎을 조개껍질처럼 닫아 곤충을 잡습니다. 소화와 흡수가 끝날 때까지 벌레잡이잎은 열리지 않습니다.

◉ 파리지옥의 끼워 잡는 구조

▲꿀 냄새에 유혹돼 다가온 곤충이 벌레잡이잎 안의 감각모를 한 번 건드린다. 이때는 아직 벌레잡이잎이 움직이지 않는다.

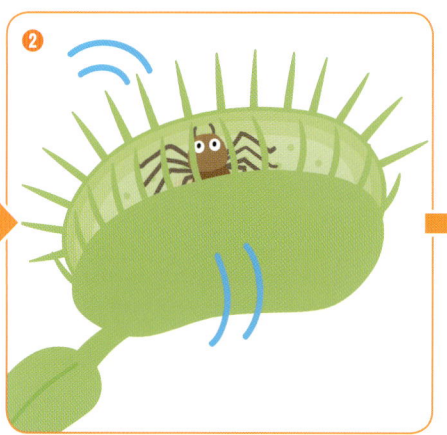

▲곤충이 움직여 벌레잡이잎을 두 번째로 건드렸을 때 벌레잡이잎이 닫힌다. 이렇게 함으로써 불필요한 자극에 잎이 닫히는 빈도를 줄인다.

▲소화액을 내보내 곤충의 양분을 소화·흡수한다. 닫히는 힘이 점점 강해져 갇힌 곤충의 체액을 쥐어짠다.

들러붙게 해 잡는다!

끈끈이주걱의 잎은 끈적끈적한 액체를 분비하는 '선모'라는 털이 잔뜩 달린 벌레잡이잎입니다. 도망치려고 하면 할수록 곤충에 선모가 엉켜 마지막에는 휘감기고 맙니다.

⊙ 끈끈이주걱의 들러붙게 해 잡는 구조

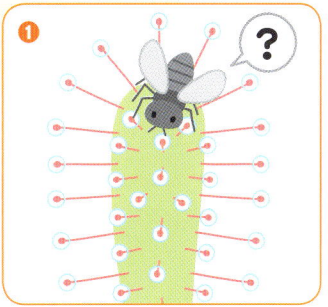
▲냄새와 색에 유혹돼 다가온 곤충이 벌레잡이잎에 머물며 선모에 달라붙는다.

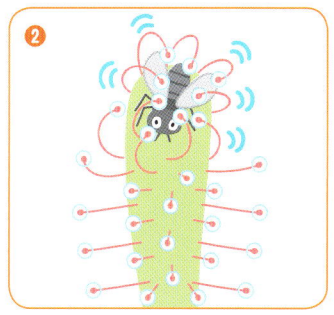
▲다른 선모가 곤충 쪽으로 휘어 곤충이 움직일 수 없게 된다.

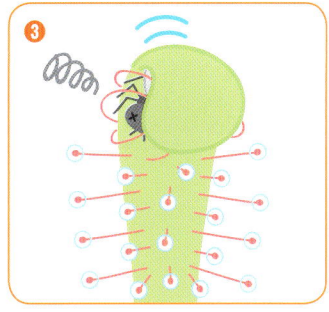
▲벌레잡이잎이 곤충을 휘감아 소화액을 내뿜고, 소화·흡수한다.

함정으로 잡는다!

벌레잡이통풀의 잎 끝에는 소화액이 든 '벌레잡이주머니'라는 주머니가 있습니다. 냄새에 유혹돼 다가온 곤충이 발을 미끄러뜨리면 이 주머니 안으로 떨어지고, 도망칠 수 없게 됩니다. 소화액 안에 빠진 곤충은 그대로 소화·흡수되고 맙니다.

⊙ 벌레잡이통풀의 함정 구조

▶벌레잡이주머니의 안쪽 부분은 반들반들해 미끄러지기 쉽게 되어 있다. 바닥 쪽에는 소화액이 고여 있어 떨어진 곤충이 이곳에 빠진다.

바닷가의 식물

바닷가는 강풍과 건조, 염분 등에 의해 식물이 자라기 어려운 환경입니다.
식물은 이곳에서 다양한 노력으로 살아갑니다.

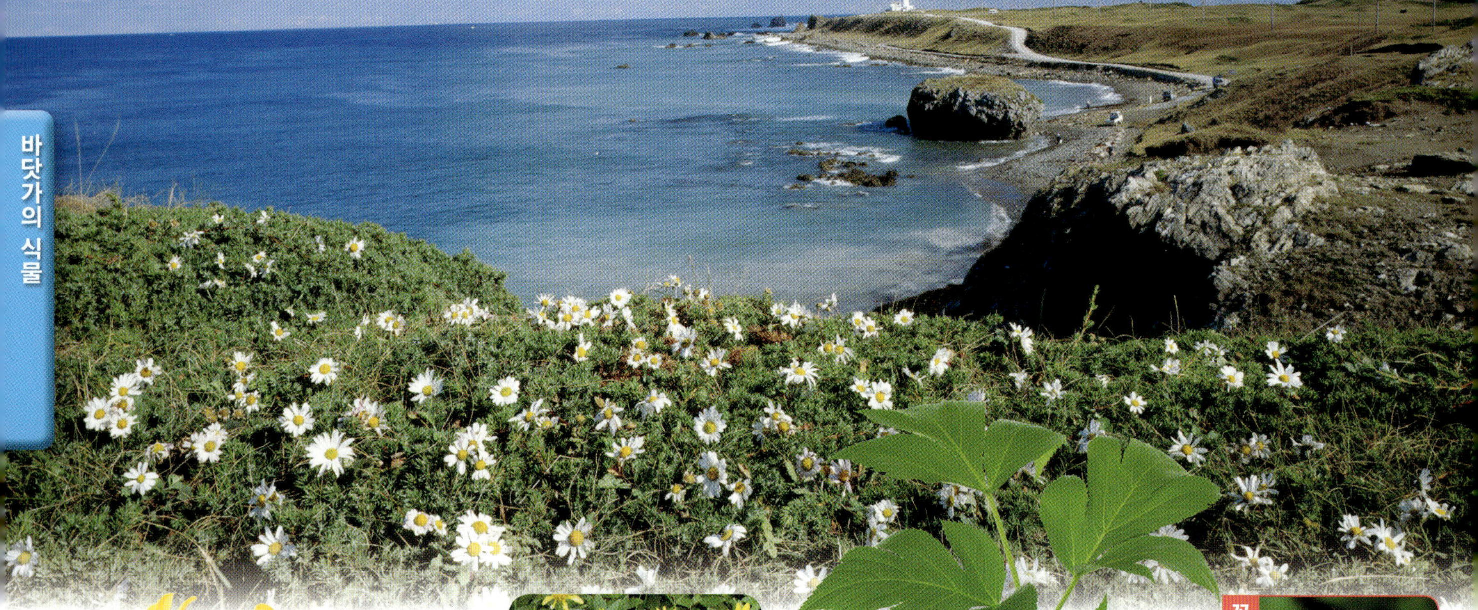

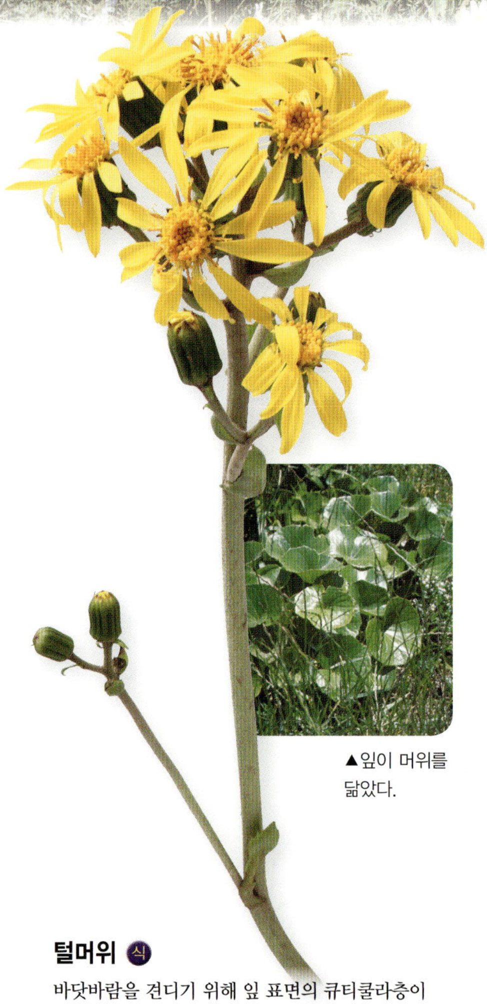

▲잎이 머위를 닮았다.

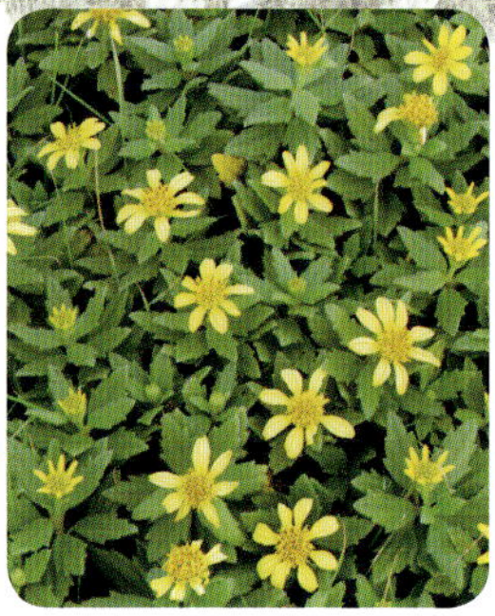

갯금불초

잎이 마치 고양이의 혀처럼 까칠까칠한 감촉입니다.
■국화과 ■포복성 여러해살이풀 ✽7~10월
■한국, 일본, 중국 ■모래사장

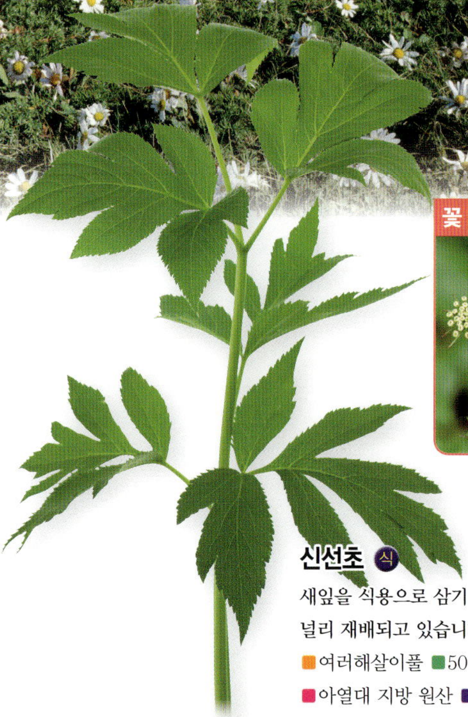

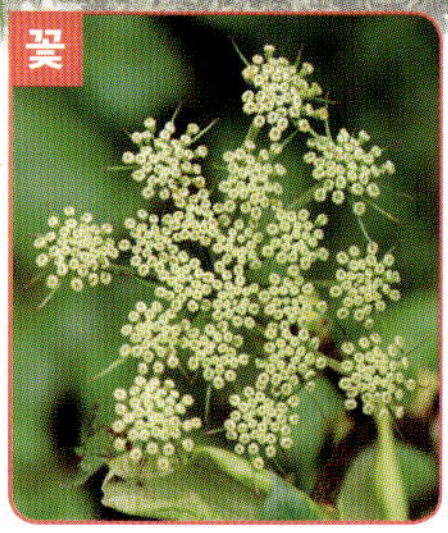

신선초 식

새잎을 식용으로 삼기 때문에 채소로서도 널리 재배되고 있습니다. ■미나리과
■여러해살이풀 ■50~120cm ✽8~10월
■아열대 지방 원산 ■암석 지대, 모래사장
■잎(무침, 튀김)

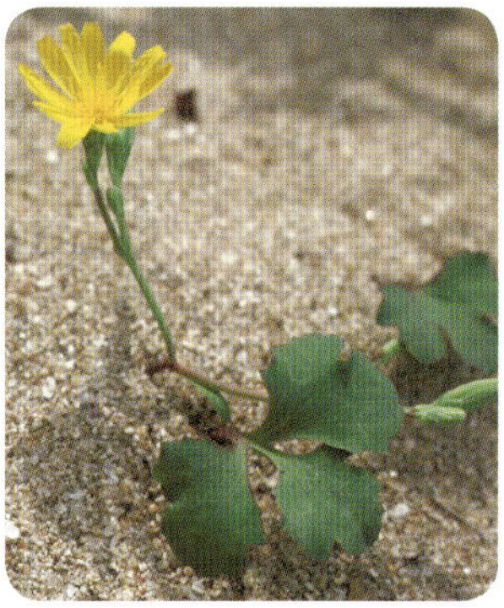

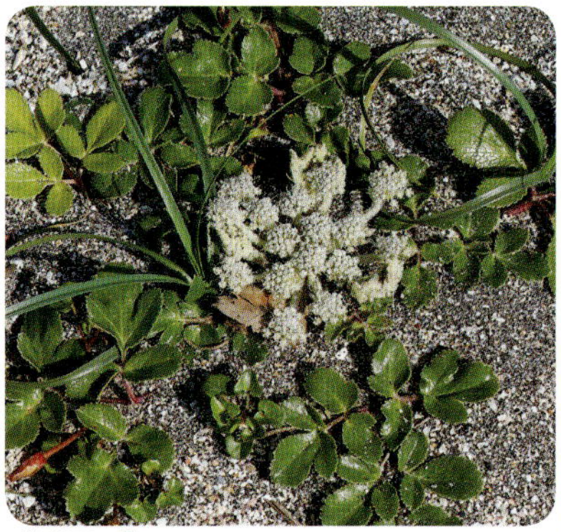

▲바닷가는 표면이 건조하기 때문에 땅속에 깊이 뿌리를 내려 수분을 모은다.

털머위 식

바닷바람을 견디기 위해 잎 표면의 큐티쿨라층이 두꺼우며 반질반질합니다. ■국화과 ■여러해살이풀
■30~75cm ✽10~12월 ■한국, 일본, 중국
■암석 지대, 공원 ■잎, 줄기(조림)

갯씀바귀

땅속줄기(땅속에 있는 줄기)를 길게 뻗어 자랍니다. ■국화과
■여러해살이풀 ■3~5cm ✽4~10월
■동아시아 ■모래사장

갯방풍 식

뿌리가 땅속에 길게 뻗습니다. 새싹은 생선회의 야채 등으로 이용됩니다. ■미나리과
■여러해살이풀 ■5~30cm ✽6~7월 ■한국, 일본, 중국 ■모래사장 ■새싹(튀김, 볶음)

 ■과명 ■생활 양식 ■크기 ✽꽃이 피는 시기 ●열매가 맺히는 시기 ■분포 또는 원산지 ■발견되는 장소 ■먹는 방법 외 외래종 식 먹을 수 있는 식물 독 독이 있는 식물

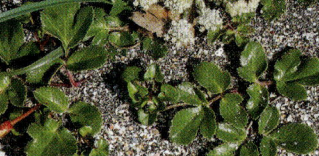

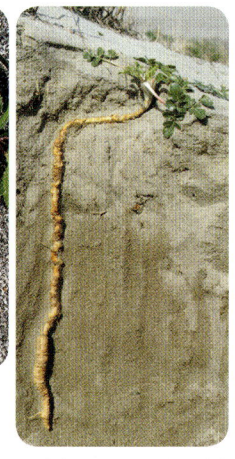

갯나팔꽃
키가 작아 강풍에도 쓰러지지 않습니다.
- 🟥 메꽃과
- 🟧 덩굴성 여러해살이풀
- 🌸 5~8월 🟦 열대·아열대 원산 🟪 모래사장

갯메꽃
메꽃(→p.52)과 닮았지만, 잎은 둥글고 광택이 있습니다.
- 🟥 메꽃과 🟧 포복성 여러해살이풀 🌸 5~6월
- 🟦 한국, 일본 🟪 모래사장

달맞이꽃 외
꽃은 밤 동안 핍니다. 원예로 재배되지만 해안가 등에 야생화되어 있습니다.
- 🟥 바늘꽃과
- 🟧 두해살이풀
- 🟩 30~100cm 🌸 5~8월
- 🟦 칠레 원산 🟪 모래사장, 강가, 황무지

갯무 식
채소인 무가 야생화된 것으로 추정됩니다. 뿌리는 두꺼워지지 않습니다.
- 🟥 십자화과 🟧 두해살이풀
- 🟩 30~70cm 🌸 4~6월
- 🟥 세계 각지
- 🟪 모래사장, 강가
- 🟩 열매(소금물에 데침), 뿌리(절임)

뿌리

갯완두 식
청대완두 같은 콩이 맺힙니다. 꽃은 보라색이지만, 드물게 하얀색도 있습니다.
- 🟥 콩과 🟧 포복성 여러해살이풀 🌸 4~7월 🟥 한국, 일본
- 🟪 모래사장, 강가 🟩 새싹(튀김, 볶음), 열매(볶음)

꽃

번행초 식
예로부터 채소로서도 재배되어 왔습니다. 열매가 해류로 운반됩니다.
- 🟥 번행초과 🟧 여러해살이풀
- 🟩 30~60cm 🌸 4~11월
- 🟥 한국, 일본, 중국
- 🟪 모래사장 🟩 새싹(무침, 볶음)

별 모양 꽃을 피운다.

잎이 두껍다.

기린초
산지에도 자생합니다. 서늘하고 약간 그늘이 지는 장소에서 잘 자랍니다.
- 🟥 돌나물과
- 🟧 여러해살이풀
- 🟩 20~50cm 🌸 5~8월
- 🟥 한국, 일본, 중국
- 🟪 절벽, 암석 지대, 산지

갯패랭이꽃
잎은 두껍고 광택이 있습니다. 잎은 위에서 보면 십자형으로 나 있습니다.
- 🟥 석죽과 🟧 여러해살이풀
- 🟩 20~50cm 🌸 7~10월
- 🟥 한국, 일본, 중국
- 🟪 해안가 풀밭

바닷속에서 자라는 맹그로브

맹그로브는 따뜻한 지역의 갯벌이나 하구의 진흙에 자라는 홍수과 식물 등이 만드는 숲입니다. 물이 들어와 뿌리가 바닷물에 잠겨도 호흡할 수 있게 뿌리를 지상을 향해 들어 올린 '호흡뿌리'와 불안정한 진흙 속의 나무를 지탱하기 위한 '지주뿌리' 등의 구조가 있습니다. 이러한 식물 중에는 종자를 해류에 실어 운반하는 종도 있습니다. 염분에 강한 종자는 바닷속을 떠돌다가 다른 섬 등에 이르러 정착합니다.

▲물속에 뜨는 팔중산홍수의 종자.

오리엔탈맹그로브
맹그로브의 일종으로 바닷물 속에서 자랍니다.
- 홍수과 ■ 상록고목 ✿ 2~25m ✿ 5~6월
- 일본 ■ 갯벌, 하구

▲같은 맹그로브 식물인 '암홍수'.

줄기에 가시가 있다.

열매

해당화
꽃잎은 다섯 장이며, 진한 분홍색 꽃을 피웁니다. ■ 장미과
- 낙엽저목 ■ 1~1.5m ✿ 6~8월
- 8~9월 ■ 동북 아시아
- 모래사장, 공원
- 열매(열매주, 잼)

곰솔
거무스름한 나무껍질이 특징인 겉씨식물입니다. 또한, 잎 끝이 단단하며 만지면 따끔따끔합니다.
- 소나무과 ■ 상록고목 ✿ 10~25m ✿ 5월
- 한국, 일본 ■ 바닷가의 숲, 공원

바닷속의 식물(조류)

해조류는 바다에 사는 식물입니다. 광합성을 하지만 뿌리, 줄기, 잎, 꽃 등이 없으며 종자가 아닌 포자로 증식합니다. 대형 해조류는 갈색인 '갈조류', 녹색인 '녹조류', 붉은색인 '홍조류', 세 개로 나눌 수 있습니다. 각각 광합성을 도와주는 색소에 차이가 있어 색이 다릅니다.

▲다시마(갈조류).

▲구멍갈파래(녹조류).

▲우뭇가사리(홍조류).

색인

이 도감에 나오는 키워드를 가나다순으로 정리했습니다.

가

가는꼴망태버섯 ················ 192
가는잎조팝나무 ················· 39
가래 ···························· 194
가막사리 ······················· 112
가막살나무 ············· 159, 167
가모카에타 코악타타 ········· 26
가문비나무 ···················· 175
가시나무 ·············· 134, 162, 163
가시박 ··························· 76
가시연꽃 ······················· 195
가을강아지풀 ·················· 77
가을의 일곱 화초 ············ 113
각시원추리 ···················· 179
갈대 ···························· 120
갈란투스 ························ 79
갈래꽃류 ························· 7
갈조류 ························· 203
갈퀴덩굴 ························ 29
감 ······························ 169
감나무 ····················· 15, 81
감자 ····························· 31
감탕나무 ······················ 160
강낭콩 ·························· 15
강아지풀 ······················· 58
개감수 ························· 171
개갓냉이 ··················· 53, 89
개구리밥 ······················ 196
개구리자리 ···················· 92
개굴피나무 ··················· 173
개다래 ························· 147
개동청나무 ··················· 187
개망초 ·························· 50
개맨드라미 ····················· 79
개머루 ························· 106
개미자리 ······················· 32
개미취 ·························· 78
개밀 ····························· 34
개보리뺑이 ····················· 86
개비름 ·························· 56
개사상자 ························ 27
개서어나무 ··················· 161
개쑥갓 ·························· 26
개암버섯 ······················ 190
개양귀비 ······················· 37
개엉겅퀴 ······················· 86
개여뀌 ··················· 57, 157
개옻나무 ······················ 180
갯금불초 ······················ 200
갯나팔꽃 ······················ 201
갯메꽃 ························· 201
갯무 ···························· 201
갯방풍 ························· 200
갯버들 ························· 174

갯씀바귀 ······················ 200
갯완두 ························· 201
갯패랭이꽃 ···················· 201
거베라 ·························· 35
거삼나무 ······················· 45
거지덩굴 ······················· 56
검정말 ··················· 195, 196
겉씨식물 ························· 6
게발선인장 ····················· 79
게움 펜타페탈룸 ············· 182
겨우살이 ······················ 164
겨울눈 ························· 167
겨울딸기 ······················ 150
겹달맞이꽃 ····················· 54
겹잎 ······························· 8
계수나무 ························ 43
계요등 ·························· 53
고구마 ························· 109
고마리 ························· 119
고사리 ························· 132
고추나물 ······················ 142
고추냉이 ······················ 171
곡물 ···························· 122
골무꽃 ·························· 87
골풀 ···························· 104
곰보버섯 ······················ 192
곰솔 ···························· 203
곰취 ···························· 184
곰팡이 ························· 193
과꽃 ····························· 62
과일 ···························· 168
관다발 ·························· 13
광나무 ·························· 80
광대수염 ······················ 126
광대나물 ························ 29
광대버섯 ······················ 190
광대수염 ······················ 126
광릉요강꽃 ··················· 129
광합성 ·························· 12
괭이밥 ·························· 55
괭이싸리 ······················ 117
구골나무 ······················· 80
구기자나무 ··················· 121
구실잣밤나무 ················ 149
구와말 ························· 116
국수나무 ······················ 149
국수버섯 ······················ 191
국화 ····························· 78
굴거리나무 ····················· 42
굴참나무 ······················ 161
궁궁이 ························· 177
균류 ···························· 188
균사 ··················· 188, 189, 193
귤 ······························ 169
그라피스 스크립타 ·········· 193

그령 ····························· 77
근세 ···························· 137
글라디올러스 ·················· 65
글라우키디움 팔마툼 ······· 178
금강아지풀 ····················· 77
금난초 ························· 129
금목서 ·························· 80
금방동사니 ··················· 103
금새우난초 ··················· 129
금어초 ·························· 35
금잔화 ·························· 35
기공 ····························· 12
기름나무 ······················ 135
기린초 ························· 201
기생 ··················· 106, 107, 164
긴털비름 ······················· 56
까마귀머루 ··················· 150
까마중 ·························· 52
까실쑥부쟁이 ················ 112
깨풀 ····························· 76
꼭두서니 ······················ 156
꽃 ························· 10, 11
꽃가루 ·············· 11, 28, 136
꽃대 ···························· 131
꽃마리 ·························· 29
꽃받침 ·························· 11
꽃범의꼬리 ····················· 78
꽃턱잎 ····················· 8, 52
꽃산딸나무 ····················· 38
꽃양배추 ························ 36
꽃잔디 ·························· 36
꽃창포 ·························· 65
꽃턱잎 ····················· 8, 52
꽈리 ····························· 63
꽝꽝나무 ························ 67
꿀풀 ····························· 97
꿩의밥 ·························· 93
끈끈이주걱 ··················· 199

나

나도생강 ······················ 142
나도송이풀 ··················· 116
나도수정초 ··················· 189
나도팽나무버섯 ·············· 190
나도히초미 ··················· 132
나무수국 ······················ 182
나비나물 ························ 99
나사백 ·························· 71
나이테 ·························· 45
나팔꽃 ··············· 52, 63, 66
나한송 ························· 183
낙엽수 ··························· 9
낙지다리 ······················ 100
낚시제비꽃 ··················· 127

날개하늘나리 ················ 202
남바람꽃 ······················ 128
남오미자 ······················ 165
남천 ····························· 83
납매 ····························· 83
낭아초 ························· 106
냉이 ······················ 30, 46
냉초 ···························· 177
너도밤나무 ··················· 174
네잎갈퀴 ······················· 88
네잎샷갓나물 ················ 179
노각나무 ························ 68
노란격벽검댕이먼지 ········ 193
노랑꽃창포 ··················· 104
노랑만병초 ··················· 180
노랑물봉선화 ················ 185
노랑어리연꽃 ················ 194
노랑코스모스 ·················· 78
노루발 ························· 141
노루오줌 ······················ 177
노린재나무 ··················· 133
녹나무 ·························· 71
녹조류 ························· 197
누리장나무 ··················· 146
누운주름잎 ····················· 88
느티나무 ························ 39
능소화 ·························· 67

다

다정큼나무 ····················· 82
닥나무 ························· 135
단성화 ···························· 9
단풍나무 ······················ 161
단풍딸기 ······················ 135
단풍잎돼지풀 ············ 51, 75
단풍철쭉 ························ 68
달걀버섯 ················ 188, 189
달리아 ·························· 62
달맞이꽃 ······················ 201
닭의장풀 ······················· 60
담배풀 ························· 154
담쟁이덩굴 ··············· 17, 151
당근 ···························· 109
대극 ···························· 142
대나무 ························· 137
대롱꽃 ····················· 8, 26
대만고무나무 ·················· 16
대상화 ·························· 79
댕구알버섯 ··················· 191
더덕 ···························· 140
덩굴옻나무 ··················· 148
덩굴용담 ······················ 185
데이지 ·························· 35
덴드로븀 ························ 79

도깨비가지 …… 52	마디풀 …… 57	미국쥐손이 …… 54	별꽃 …… 32
도꼬로마 …… 143	마름 …… 195	미꾸리낚시 …… 118	병꽃풀 …… 87
도꼬마리 …… 74	마삭줄 …… 146	미나리 …… 96	보리 …… 123
도둑놈의갈고리 …… 156	마주나기 …… 8	미나리아재비 …… 92	보춘화 …… 129
도라지 …… 96, 113	마취목 …… 173	미모사 …… 64	복수초 …… 172
도토리 …… 47, 162	마타리 …… 113, 115	미역취 …… 112	복숭아 …… 41, 169
독미나리 …… 176, 177	마편초 …… 53	미치광이풀 …… 170	본잎 …… 15, 66
독일붓꽃 …… 65	막시마 방울새풀 …… 34	민들레 …… 14, 25	볼복스 …… 197
돈나무 …… 202	만년청 …… 79	민트 …… 35	봄망초 …… 26, 50
돌려나기 …… 8	말나리 …… 179	밀 …… 123	봉선화 …… 13, 63
돌외 …… 141	말똥비름 …… 31	밀나물 …… 143	부겐빌레아 …… 70
돌참나무 …… 82	말불버섯 …… 21	밑씨 …… 11, 169	부들레야 다비디 …… 67
돌콩 …… 99	말오줌때 …… 150		부레옥잠 …… 196
돌피 …… 102	망초 …… 51	**바**	부엽 식물 …… 194
동백나무 …… 133	망태버섯 …… 191		부유 식물 …… 196
동의나물 …… 172	매듭풀 …… 76	바나나 …… 169	부처꽃 …… 100
동자꽃 …… 186	매실나무 …… 41	바랭이 …… 58	부추 …… 109
동충하초 …… 20, 191	매화나무지의 …… 193	바보여뀌 …… 119	부킬레야 란세올라타 …… 182
돼지풀 …… 51	매화오리나무 …… 180	바오바브나무 …… 18	분개구리밥 …… 196
두릅나무 …… 146	맥문동 …… 159	바위떡풀 …… 186	분꽃 …… 64
두해살이풀 …… 9	맹그로브 …… 203	바위취 …… 142	분수국 …… 151
두화 …… 8, 24	머귀나무 …… 147	바질 …… 62	분재 …… 38
둥굴레 …… 130	머위 …… 87	박주가리 …… 98	분홍달맞이꽃 …… 64
둥근배암차즈기 …… 154	먼나무 …… 80	박태기나무 …… 42	분홍바늘꽃 …… 179
들엉겅퀴 …… 113	먼지버섯 …… 192	박하 …… 115	불염포 …… 8, 131, 172
등골나물 …… 113	멀구슬나무 …… 70	반기생 식물 …… 182	붉가시나무 …… 161
등나무 …… 42	멀꿀 …… 151	반달말 …… 197	붉나무 …… 148
등대풀 …… 90	멍석딸기 …… 39	반디지치 …… 127	붉은괭이밥 …… 55
등심붓꽃 …… 60	메귀리 …… 59	받침애주름버섯 …… 21	붉은사슴뿔버섯 …… 192
디기탈리스 …… 63	메꽃 …… 52	발광이끼 …… 145	붉은서나물 …… 112
디첸트라 페레그리나 …… 178	메리골드 …… 62	밤나무 …… 148, 169	붉은숫잔대 …… 62
딸기 …… 108	메타세쿼이아 …… 44	방가지똥 …… 25	붉은터리풀 …… 186
땅두릅 …… 96	며느리배꼽 …… 118	방울새풀 …… 34	붉은토끼풀 …… 30
땅속줄기 …… 8	멸종 위기종 …… 101	밭뚝외풀 …… 97	붓꽃 …… 37, 178
때죽나무 …… 133	모란 …… 43	배 …… 169	뉫순나무 …… 136
떡갈나무 …… 162	모로위사초 …… 128	배롱나무 …… 70	붕어마름 …… 196
떡갈잎수국 …… 69	모시풀 …… 98	배우체 …… 6, 132, 144	브로콜리 …… 109
떡쑥 …… 26	목련 …… 136	배추 …… 108, 109	비노리 …… 59
떡잎 …… 15, 66	목마가렛 …… 35	배풍등 …… 155	비단향나무꽃 …… 36
뚝갈 …… 115	목이 …… 191	백량금 …… 81	비덴타타 쇠무릎 …… 101
뚝새풀 …… 92	목장말똥버섯 …… 191	백목련 …… 43	비수리 …… 117
뚱딴지 …… 75	목화 …… 78	백산설앵초 …… 177	비진도콩 …… 157
띠 …… 92	무 …… 109	백양꽃 …… 158	비쭈기나무 …… 147
	무궁화 …… 70	백일홍 …… 62	빈도리 …… 106
라	무늬천남성 …… 131	뱀딸기 …… 89	뻐꾹나리 …… 158
	무릇 …… 121	뱀무 …… 142	뽀리뱅이 …… 25
라벤더 …… 62	무스카리 …… 37	버드쟁이나물 …… 114	뽕나무버섯 …… 188, 190
라일락 …… 38	묵밭소리쟁이 …… 57	버섯 …… 188	뽕모시풀 …… 76
레스큐그래스 …… 33	문주란 …… 202	번행초 …… 201	뿌리 …… 10, 13
레움 노빌레 …… 19	물관 …… 12, 13	벋음씀바귀 …… 86	뿌리털 …… 13
로도덴드론 데그로니아눔 …… 180	물냉이 …… 89	벌노랑이 …… 99	뿌리혹박테리아 …… 90
로도덴드론 딜라타툼 …… 173	물달개비 …… 119	벌등골나무 …… 113	뿔남천 …… 43
로도덴드론 풀크럼 …… 38	물망초 …… 36	벌레잡이통풀 …… 199	
로니세라 그라시리페스 그라브라 …… 133	물매화 …… 186	벌레혹 …… 106, 107	**사**
로제트 …… 53, 167	물봉선 …… 185	벗풀 …… 105	
로즈메리 …… 35	물억새 …… 120	벚꽃 …… 40	사과 …… 168
리톱스 …… 17	물질경이 …… 196	베고니아 …… 78	사광이아재비 …… 119
	물참나무 …… 174	베라트룸 스타미네움 …… 179	사상자 …… 27
마	물피 …… 102	베이트키전나무 …… 175	사스래나무 …… 174
	미국실새삼 …… 98	벼 …… 122	사스레피나무 …… 134
마가목 …… 181	미국외풀 …… 97	벼룩이자리 …… 32	사철나무 …… 150
마귀광대버섯 …… 190	미국자리공 …… 56	변형균류 …… 20, 193	산나리 …… 105

산달래 … 61	쇠뜨기 … 132	안개꽃 … 37	오이 … 108
산당화 … 40	쇠무릎 … 101	안젤리카 … 185	오이풀 … 116
산딸나무 … 181	쇠별꽃 … 91	앉은부채 … 172	옥살리스 그리피디 … 170
산떡쑥 … 184	쇠비름 … 56	알파리 … 155	옥수수 … 123
산박하 … 155	쇠서나물 … 96	알뿌리 식물 … 9	온시디움 … 79
산벚나무 … 135	수국 … 69	알소미트라 마크로칼파 … 17	올벚나무 … 41
산비장이 … 184	수꽃 … 9	알스트로에메리아 … 64	옴파로데스 야포니카 … 127
산뽕나무 … 149	수레국화 … 35	암석경 … 170	옻나무 … 148
산수국 … 151	수련 … 65	암수딴그루 … 9	완두 … 108
산철쭉 … 133	수박 … 108	암수한그루 … 9	왕가래나무 … 93, 167
산호수 … 80	수분 … 11, 28	암술 … 11	왕고들빼기 … 112
살갈퀴 … 90	수빙 … 187	암술대 … 11	왕대 … 137
삼나무 … 136	수선화 … 37	암술머리 … 11	왕바랭이 … 58
삼백초 … 105	수세미오이 … 63	암홍수 … 203	왜솜다리 … 176
삼엽으름덩굴 … 165	수술 … 11	애기금매화 … 178	왜젓가락나무 … 92
삼지구엽초 … 128	수염가래꽃 … 96	애기금어초 … 36	왜제비꽃 … 90
삼지닥나무 … 39	수영 … 91	애기나리 … 130	왜철쭉 … 38
상록수 … 9	수정 … 11	애기노랑토끼풀 … 54	외대바람꽃 … 128
상록 여러해살이풀 … 9	수크령 … 58	애기달맞이꽃 … 54	외떡잎식물 … 7
상수리나무 … 134, 162	숙근초 … 9	애기동백 … 81	용담 … 117
새박 … 98	순비기나무 … 202	애기땅빈대 … 55	용수국 … 182
새완두 … 90	순채 … 195	애기똥풀 … 33	우산나물 … 176
새우난초 … 129	술봇꽃 … 128	애기메꽃 … 52	우산물통이 … 171
새콩 … 157	술패랭이꽃 … 101	애기수영 … 33	우산이끼 … 145
새포아풀 … 33, 34	숫잔대 … 184	앵초 … 88	우엉 … 109
색비름 … 79	쉽싸리 … 97	야고 … 115	울산도깨비바늘 … 75
샐비어 … 78	스위트피 … 36	야에야마야자 … 178	원추리 … 105
생달나무 … 182	스타티스 … 37	약모밀 … 61	유럽점나도나물 … 32
서양금혼초 … 87	스프레이국화 … 78	양골담초 … 42	유성 생식 … 31
서양민들레 … 24, 25	시금치 … 109	양미역취 … 74	유채 … 109
서양유채 … 30	시리아수수새 … 77	양배추 … 109	윤판나물아재비 … 130
서향 … 38	시클라멘 … 78	양상추 … 109	율무 … 120
석류풀 … 100	식나무 … 160	양성화 … 9	으름덩굴 … 165
석산 … 121	식충 식물 … 198	양장구채 … 14	은방울꽃 … 65
석창포 … 93	신선초 … 200	양지꽃 … 89	은엽아카시아 … 42
선개불알풀 … 27	실망초 … 50	양치식물 … 6, 132	은행나무 … 83
선동초 … 126	심비듐 … 79	양파 … 109	은행이끼 … 145
선태식물 … 6, 144	싸리 … 113, 121	어긋나기 … 8	음나무 … 146
섬잣나무 … 183	쌍떡잎식물 … 7	어리연꽃 … 194	응달나리 … 65
성장점 … 34	쐐기풀 … 117	여러해살이풀 … 9	이끼 … 144
세룰라타벚나무 … 41	쑥 … 114	얼레지 … 130	이나무 … 81, 164
세모고랭이 … 103	쑥부쟁이 … 114	얼룩조릿대 … 137	이삭여뀌 … 157
세이지 … 35	쓴풀 … 116	에우프텔레아 … 175	이질풀 … 118
세잎양지꽃 … 127	씀바귀 … 87	에이잔제비꽃 … 171	인동덩굴 … 146
세포 … 12	씨방 … 11	엥글러 분류 체계 … 7	인디카 … 122
셀러리 … 109		여뀌 … 119	일본 매자나무 … 136
소귀나무 … 174	**아**	여뀌바늘 … 117	일본목련 … 183
소나무 … 175		여우주머니 … 54	일본병꽃나무 … 67
소래풀 … 29	아게라툼 … 35	연근 … 109	일본서어나무 … 161
소메이요시노벚나무 … 40	아교뿔버섯 … 21	연꽃 … 64	일본잎갈나무 … 183
소엽맥문동 … 143	아기들솔이끼 … 145	연령초 … 172	일본전나무 … 175
소철 … 202	아까시나무 … 93, 167	연밥피나무 … 181	일본조팝나무 … 180
소태나무 … 134	아나카리스 … 196	엽록체 … 12	일일초6 … 3
속속이풀 … 89	아네모네 … 36	영양 생식 … 31	잎 … 10, 12
속씨식물 … 6	아리세마 세라툼 … 131	예덕나무 … 150	잎자국 … 167
손바닥나비난초 … 179	아몬드 … 169	오구나무 … 82	
솔송나무 … 183	아벨리아 … 67	오동나무 … 42	**자**
솜나물 … 126	아비에스 마리에시 … 175	오루키스 이탈리카 … 18	
송라 … 193	아스터 사바티에리 … 35	오리나무 … 93	자귀나무 … 150
송악 … 159	아스파라거스 … 109	오리난초 … 19	자귀풀 … 99
송엽국 … 64	아이슬란드파피 … 37	오리새 … 59	자금우 … 160
송이버섯 … 188, 190	아프리카봉선화 … 63	오리엔탈맹그로브 … 203	자라풀 … 194

자목련 43	진퍼리까치수염 98	콜키쿰 79	포도 169
자바니카 122	진황정 130	콩다닥냉이 30	포자 132, 144, 193
자운영 90	질경이 53	콩제비꽃 91	포자체 6, 132, 144
자웅이숙화 93	짚신나물 99	크로커스 37	포플러 42
자이언트라플레시아 19	찔레꽃 121	큰개불알풀 27	표고버섯 190
자작나무 173		큰고랭이 103	푸른곰팡이 193
자주광대나물 29	**차**	큰구슬붕이 127	푸조나무 163
자주괭이밥 55		큰까치수염 141	풀명자 93
자주괴불주머니 92	차축조 197	큰달맞이꽃 55	풀산딸나무 186
자주달개비 64	차풀 99	큰도꼬마리 74	풀솜나물 86
자주풀솜나물 51	참꽃창포 178	큰두루미꽃 187	풍년화 174
자포니카 122	참나리 105	큰망초 50	프리물라 말라코이데스 36
자화부추 37	참단풍 187	큰방가지똥 25	프리뮬러 폴리안사 36
작살나무 160	참마 143	큰방울새란 179	프리지아 37
작약 36	참반디 140	큰백양꽃 158	피 123
작은 이삭 33	참방동사니 103	큰부들 104	피막이풀 96
작은 잎 8	참배암차즈기 154	큰비비추 143	피망 108
잔나비불로초 191	참빗살나무 164	큰비짜루국화 75	피튜니아 63
잔대 114	참새피 102	큰수리취 184	
잔디 102	참소리쟁이 101	큰여우콩 156	**하**
잡목림 134	참식나무 165	큰지네고사리 132	
장대여뀌 157	참억새 113, 120	큰참새피 59	하쿠산후로 177
장미 70	참으아리 106	큰황새냉이 89	한라돌쩌귀 158
점균류 193	참회나무 164		한해살이풀 9
점나도나물 32	창질경이 53	**타**	해당화 203
접시꽃 63	창포 105		해바라기 62
제라늄 37	채소 108	타래난초 60	해오라비난초 65
제비꽃 91	채송화 64	타카키아 145	해 캄197
조 123	처녀치마 172	태산목 44	향부자 59
조개나물 126	처진올벚나무 41	탱자나무 82	향유 115
조개풀 120	천선과나무 149	터어키도라지 63	허브 35, 62
조류 203	천손초 31	털머위 200	헬윙기아 야포니카 134
조름나물 176	천일홍 64	털별꽃아재비 51	헛꽃 8, 24
조장나무 135	철포백합 65	털여뀌 57	협죽도 68
족도리풀 159	칭경채 109	털진득찰 113	헝성총 45
졸가시나무 202	청사조 149	토끼풀 30	호두 169
졸참나무 134, 163	체관 12, 13	토레니아 63	호장근 102
좀가지풀 98	체꽃 185	토마토 108	홀아비꽃대 131
좀고추나물 100	초록별꽃 32, 91	톱풀 176	홍조류 203
좀꿩의다리 119	초롱꽃 140	통꽃류 7	홍황철쭉 173
좀딱취 154	촛대승마 187	통발 196	홑잎 8
좀양지꽃 177	총포 8	통보리사초 202	화경버섯 191
좀가시나무 162	층층나무 147	통조화 136	화살나무 83
종덩굴 175	치자나무 68	튤립 37	환삼덩굴 76
종려나무 165	칠엽수 181	튤립나무 44	황근 202
종자 14, 169	칡 54, 113		황매화 41
주름잎 27, 88	침수 식물 196	**파**	황새냉이 29
주름조개풀 77			황새풀 178
주발버섯 192	**카**	파대가리 103	황칠나무 67
주아 31, 61, 105, 143		파두스 그라야나 135	후박나무 151
주홍서나물 140	카나리야자 71	파드득나물 140	후피향나무 81
죽순 109, 137	카네이션 36	파라세네치오 델피니폴리우스 177	훈장말 197
죽순대 137	카사블랑카 65	파리지옥 16, 198	흑삼릉 104
죽자초 57	카틀레야 79	파리풀 141	흰명아주 77
죽절초 83	칸나 64	파슬리 109	흰스컹크캐비지 172
줄 102	칼디오크리넘 142	파인애플 169	흰여뀌 118
중국단풍나무 82	칼라 65	팔라이놉시스 79	히드노라 아프리카나 18
쥐꼬리망초 75	칼랑코에 79	팔손이 80	히아신스 37
쥐오줌풀 126	캐모마일 62	팬지 36	
쥐참외 141	캐슈 169	팽나무 163	**A**
지의류 193	코스모스 78	팽나무버섯 190	
지치 171	콜레우스 63	편백 183	APG 분류 체계 6
지칭개 86	콜리플라워 109	폐쇄화 126	

207

KODANSHA no Ugoku Zukan MOVE SHOKUBUSTU
ⓒ KODANSHA, 2014
All Rights Reserved.
Original Japanese edition published by KODANSHA LTD.
Korean translation rights arranged with KODANSHA LTD.
through Shinwon Agency Co.
Korean edition published in 2019 by LUDENS MEDIA Publishing Co., Ltd.

이 책의 한국어판 저작권은 ㈜신원에이전시를 통해 저작권자와 독점 계약한 루덴스미디어㈜에 있습니다.
저작권법에 의하여 한국 내에서 보호를 받는 저작물이므로 무단 전재 및 복제를 금합니다.

[감수]
아마노 마코토(이학박사 치바현립 중앙 박물관 식물학연구과 주임 수석 연구원, 환경성 희귀 야생 동식물 보호추진위원)
사이키 켄이치(이학박사 치바현립 중앙 박물관 교육 보급 과장)

[지도·협력]
하라다 히로시(이학박사 치바현립 중앙 박물관 식물학연구과 주임 수석 연구원 (지의류 담당))
후키하루 토시미츠(농학박사 치바현립 중앙 박물관 환경교육연구과 주임 수석 연구원 (균류 담당))
후루키 타츠오(이학박사 치바현립 중앙 박물관 식물학연구과 수석 연구원 및 과장 (이끼 담당))

[집필]
이와츠키 히데아키(자연과학계열 저술가, 치바현립 세카야성 박물관 전시협력위원, 기상예보관)

[일러스트]
아킨코, 가와사키 사토시(커버 안쪽), 야나기사와 히데키(표지)

[표지 디자인]
기도코로 준(준 기도코로 디자인)

[본문 디자인]
아마노 히로카즈, 이치카와 노조미, 하라구치 마사유키 (DAI·ART PLANNING)

[편집 협력]
야마우치 스스무

[주된 참고 문헌]
『산경 핸디 도감 1 들에 피는 꽃』, 『산경 핸디 도감 2 산에 피는 꽃』, 『산경 핸디 도감 3 나무에 피는 꽃 이관화 1』, 『산경 핸디 도감 4 나무에 피는 꽃 이관화 2』, 『산경 핸디 도감 5 나무에 피는 꽃 합판화·외떡잎·겉씨식물』, 『산경 컬러 명부 원예식물』, 『산경 컬러 명부 일본의 고산식물』(야마토 케이코쿠샤) / 『일본의 귀화식물』(헤이본샤) / 『일본귀화식물 사진도감-Plant Invader600 종』(전국농림교육협회) / 『식물분류표』(아보크샤) / 『일본 관다발식물 목록』(호쿠류칸) / 『자연계 위험 600 종 유해식물도감 위험·유해식물』, 『필드 베스트 도감 Vol.16 일본의 유독식물』(학연) / 『가까이 있는 독초 100종의 구분법』(긴엔사) / 『컬러판 홈 원예 먹을 수 있는 산야의 풀-구분법과 채집의 즐거움』(주부와 생활사) / 『쉽게 이해되는 산경 대도감』(나가오카서점) / 『환경성 홈페이지·외래생물법』 http://www.env.go.jp/nature/intro/index.html

[사진 특별 협력]
아마나 이메지스(커버 뒤쪽), 오오사쿠 코이치(표지), 카메다 류키치, 후쿠하라 타츠진(이학박사 후쿠오카 교육대학 이과 교육강좌 (생물 분야))

[사진 협력]
안도식품 : 195 / 이토 쥰이치 : 178 / 이와츠키 히데아키 : 27, 52, 58-59, 101-102, 106, 113, 117, 119, 131, 141, 160, 181, 201 / 우노 가즈오 : 107 / NPO 법인 롯코산 자연을 배우자협회 츠네요시 마사노부 : 141 / 오노 케이이치 (치바현립 중앙박물관) : 15 / 기세키 박물관 : 44 / Covet Photo Agency : 8, 18, 31, 34 / 모리타 히로시(북규슈 시립대학 국제환경공학부 교수) : 104 / 국립과학박물관 : 커버 뒤쪽 195, 196 / 사에키 켄이치 (치바현립 중앙 박물관) : 32, 56-57, 58, 59, 120 / 사이토 마사노리 (도호쿠 대학 대학원 농학연구과 교수) : 97 / 사토 타케히코 : 20-21 / 시마나카 쇼리카 : 47 / 삼림종합연구소 연구보고 제 11권 3호 : 189 / 도쿄환경공과전문학교 : 158 / 네이처·프로덕션 : 2, 8, 10-11, 14-15, 24, 26, 27, 29, 30-34, 36-44, 50, 53-54, 57, 60-64, 66-67, 69-70, 74-75, 78, 80-83, 86-92, 96, 98-102, 105, 112, 114- 117, 121, 126, 128-130, 133, 135-136, 140-143, 146-147, 149-151, 154-164, 170, 172-176, 180-188, 196 / 샤보 하니 : 60 / 미츠루 공예 : 156 / 야마모토 쥰지 : 123 / 요시다 케이치 : 92 / 요미우리 신문 / 아프로 : 30 / Anezaki Kazuma / 네이처·프로덕션 : 143, 173 / Animalsanimals / PPS통신사 : 커버 뒤쪽 / Goto Masami / 네이처·프로덕션 : 41 / Hamaguchi Chiaki / 네이처·프로덕션 : 127, 135, 143, 171, 187 / Hany Ciabou / 네이처·프로덕션 : 46, 52, 55, 59, 66, 107, 137, 167, 200 / Hirano Takahisa / 네이처·프로덕션 : 15, 40, 44, 47, 50, 54, 59, 61, 63, 64, 66, 82, 116, 127, 128, 130, 131, 133, 137, 146, 147, 157, 161, 167, 170, 175, 176, 183, 196 / hizu : 122 / Ida Toshiaki / 네이처·프로덕션 : 162 / Igari Masashi / 네이처·프로덕션 : 80, 90, 203 / Iimura Shigeki / 네이처·프로덕션 : 47, 156 / Imamori Mitsuhiko / 네이처·프로덕션 : 19, 71, 192 / Izawa Masana / 네이처·프로덕션 : 144, 145, 190, 191, 192, 193, 197 / JT 생명지연구관 소치 사토시 : 149 / Kameda Ryukichi / 네이처·프로덕션 : 28, 53, 66, 74, 193 / Kihara Hiroshi / 네이처·프로덕션 : 137, 149, 174, 175 / Kitazoe Nobuo / 네이처·프로덕션 : 50, 89 / Kosuda Susumu / 네이처·프로덕션 : 79 / Kubo Hidekazu / 네이처·프로덕션 : 66 / Kuribayashi Satoshi / 네이처·프로덕션 : 17, 21, 182 / Maeda Norio / 네이처·프로덕션 : 129 / Matsuka Kenjiro / 네이처·프로덕션 : 28 / matsuzawa yoji / 네이처·프로덕션 : 116 / Nagahata Yoshiyuki / 네이처·프로덕션 : 130 / Nakajima Takashi / 네이처·프로덕션 : 13, 66 / Nakamura Tsuneo / 네이처·프로덕션 : 203 / Olena Kornyeyeva - Fotolia.com, promolink - Fotolia.com, smereka - Fotolia.com, higashi - Fotolia.com : 122-123 / Otsuka Takao / 네이처·프로덕션 : 39 / PIXTA : 79, 93, 115-116, 133, 135, 143, 146, 148-149, 150, 154-161, 164-165, 170-171, 174-176, 178-179, 185, 187, 194, 199 / Saito Yoshiaki / 네이처·프로덕션 : 107 / Sakurai Atsushi / 네이처·프로덕션 : 64, 65, 78, 80, 104, 149, 194, 196, 198 / Shimizu Kiyoshi / 네이처·프로덕션 : 196 / Shinkai Takashi / 네이처·프로덕션 : 28 / Shutterstock, Lebendkulturen.de : 197 / Takahashi Tsutomu / 네이처·프로덕션 : 58, 64, 65, 66, 76, 79, 113, 129, 131, 140, 148, 154, 155, 157, 158 / Takeda Shinichi / 네이처·프로덕션 : 195, 196 / Wakui Toshio / 네이처·프로덕션 : 11, 13, 166, 193, 197 / Yanagisawa Makiyoshi / 네이처·프로덕션 : 127, 142, 176, 177, 190, 191, 192, 193 / Yasuda Mamoru / 네이처·프로덕션 : 181 / Yoshida Toshio / 네이처·프로덕션 : 19 / Yoshino Yusuke / 네이처·프로덕션 : 203 / Zennokyo / 네이처·프로덕션 : 77

■ 루덴스미디어

움직이는 도감
MOVE 식물

편저 고단샤
감수 아마노 마코토·사이키 켄이치
역자 나정환
찍은날 2019년 4월 4일 초판 1쇄
펴낸날 2022년 10월 21일 초판 2쇄
펴낸이 홍재철
편집 정연주
디자인 박성영
마케팅 황기철·안소영
펴낸곳 루덴스미디어(주)
주소 경기도 고양시 일산동구 무궁화로 43-55, 604호(성우사카르타워)
홈페이지 http://www.ludensmedia.co.kr
전화 031)912-4292 | **팩스** 031)912-4294
등록 번호 제 396-3210000251002008000001호
등록 일자 2008년 1월 2일

ISBN 979-11-88406-63-0 74400
ISBN 979-11-88406-60-9(세트)

결함이 있는 책은 구입하신 곳에서 바꾸어 드립니다.
값은 뒤표지에 있습니다.

이 도서의 국립중앙도서관 출판시도서목록(CIP)은 e-CIP홈페이지
(http://www.nl.go.kr/ecip)에서 이용하실 수 있습니다. (CIP제어번호 : CIP2019012867)

크다 & 작다

물벼룩 정도로 작은 개구리밥,
흰긴수염고래보다 훨씬 큰 수목까지
식물의 다양한 세계를 구경하자!

세이셸 야자
원산지는 인도양 세이셸 제도. 종자가 성장하기까지 7년 정도 소요됩니다.

세계에서 가장 큰 씨!
종자 길이 **약 30cm**
무게 **약 10kg**

자이언트라플레시아
원산지는 동남아시아. 다육질에 대형 꽃을 피웁니다. 썩은 냄새로 파리를 유인합니다.
▶ P.19

세계에서 가장 큰 꽃!
꽃의 지름 **1m 이상**

아모르포팔루스 티타눔
원산지는 인도네시아. 커다란 꽃잎으로 보이는 건 잎이 변형된 불염포입니다.

세계에서 가장 큰 꽃차례(꽃의 모임)!
꽃의 높이 **약 2.4m**

분개구리밥
유럽 원산의 수생 식물. 줄기도 뿌리도 없이, 잎 같은 것이 수면에 떠 있습니다.
▶ P.196

세계에서 가장 작은 꽃!
꽃의 크기 **약 0.1mm**